SeaEagle

SeaEagle

SeaEagle

SeaEagle

江恩
華爾街45年

W. D. Gann :
45 Years In Wall Street

投機和投資於你而言將不再是一場賭博

12條交易規則・24條致勝守則

規則：讀懂市場活動、時間週期與3日圖及9點運動、走勢圖。
操盤：如何把握安全買賣點、如何確定趨勢以及如何分段操作。

威廉・江恩 著　榮千 譯

導讀

　　雖然在技術派陣營裡，江恩理論街知巷聞，但真正能夠得其心髓者卻並不多見。原因是該理論被認為晦澀難懂，又是角度線又是時間之窗的，還拉上數學、宗教、天文學做基礎，如此高深莫測的著作理解起來都十分燒腦，還談何掌握和運用。直到讀了這位天才的收山之作《江恩華爾街45年》，許多人才發覺事實並非如此。江恩一生著述頗豐，作為集大成者，本書幾乎涵蓋了他此前著述的全部核心觀點，並透過生動的案例揭示了投資的失敗之因和成功之道，被譽為是投資者提升自身水準的經典，深刻而可讀。正因為此，這本書才能穿越時空歷久彌新，為全球幾代投資者所稱道。

　　江恩是一位給整個世界留下珍貴遺產的天才，他不但是趨勢理論和技術分析大師，而且還是成功的踐行者。讀完《江恩華爾街45年》後，你會發現他果然是實至名歸——在江恩縱橫市場的45年中，國際與國內形勢都大幅動盪，既有兩次世界大戰，又有1929年的股市大崩潰以及隨之而來的大蕭條。在如此不確定的環境下，他不但賺取了大量財富，而且也昇華成了聲名顯赫的實用派理論大家。

　　江恩對市場和社會的分析透徹而精準，常常達到不可思議的程度，因此他的預測系統一直擁有大批追隨者，時代和環境的變遷也無法遮蓋其光芒。作為傳奇的預測家和投資家，他當時的預測結果大都是公開發表的。

他不但提前一年準確預測到了兩次股市大崩盤，而且還成功預測到威爾遜當選美國總統，還有第一次世界大戰的結束時間，就連玩彩票也是勝率驚人。雖然如此，江恩也深切地知道，預測成功並不等於操作成功，所以在測市系統之外，他還建立了一整套作業系統，當測市系統發生失誤時，作業系統就可以拿出來補救。

他不僅是一位成功的投資者，而且還是一位偉大的智者和哲學家。除去比例、時間、量價等耳熟能詳的量化元素外，他的投資理念同樣值得反覆學習、認真領悟。他的投資原則簡單地說就是謀定而動、順勢而為、動靜結合、風險可控，所以他在書中總結出了「24條永恆的規則」，全面展示了他的市場感悟和取勝之道，可以說是其一生心血的濃縮。雖然他數學天賦極高，自創出了許多神祕而有效的分析技術，可是在最後一本著作中，他卻不去講技術和技巧，而是著重歸納了股市生存的智慧。其實他這樣做並不奇怪，因為投資修煉到了一定的境界，必然昇華到與人生人性相關的哲學高度。

雖然在不理性的市場中藉由理性的選擇，來實現持續盈利並不容易，但江恩認為，投資者只要能夠堅持最基本的規則，簡單跟隨趨勢並及時用停損保護自己，就可以成為持續盈利者。為了完善自己的理論，他去過英國、埃及、南美、古巴、印度等地，並長時間在大英博物館查閱100年來的資料。他以數十年的經驗總結出的忠告是：人類的情感、希望、貪婪和恐懼都是成功的死敵，不掌握必要的知識，在股市就是九死一生。所以作為一本操盤指導的傳世之作，本書值得所有投資者認真閱讀。

本書囊括了江恩平生所學，其中以自然法則為核心的交易方法、價格和時間的週期性關係尤其重要。他認為，自然法則是驅動市場的核心動力，任何級別的逆轉點都是由時間循環決定的。自然法則非常強調倍數關

係和分數關係，認為時間和空間產生共振之日，便是市場出現重大變化之時：「我發現股票本身與它背後的驅動力之間，存在著和諧或不和諧的關係……用我的方法，能確定每檔股票的波動，而且透過考慮某種時間值，我能在大多數情況下確切地說出在給定條件下股票的表現。」

　　晚年的江恩曾致力於編寫教材和授課，這引起了一些人的猜忌：如果他能夠精確地預測市場，為什麼還要提供諮詢，還要教操盤術，還要費大力氣寫市場通訊？產生這些疑問是因為對這個天才缺乏理解，因為他並沒有把金錢視為全部，而是把傳授知識和經驗視為更大的樂趣和享受。在傳授技術和心法的同時，江恩還總結了許多天才交易員隕落的原因：「多數投機者的最終落敗是因為失去了均衡感，他們過分迷信金錢的力量，而且還試圖壟斷市場。他指出，李佛摩太貪心，不會順勢而為；普萊切特低估了突發事件；凱勒斯的破產，則是因為欲望太大。」他還總結出了三大失敗原因：過度交易、不會停損、缺乏知識，並指出投資者需謹記「勢不可使盡，福不可享盡，便宜不可占盡，聰明不可用盡。」正因為一直小心翼翼地迴避人性的弱點，所以他才能成為少數幾個能夠善終的交易天才。

　　江恩理論並不僅是複雜的輪中輪、矩陣圖等，他在本書中闡述的那些簡明的交易法則和樸素的哲學思考，才是其理論的精要。例如，他那充滿智慧的四次法則雖因極具實戰價值而被市場人士廣泛運用，但卻是寥寥數語，言簡意賅。這個法則說，當股價衝擊某一重要高位時，往往在第四次時方能形成突破，向上拓展空間，向下跌破亦是如此。這個法則看似簡單，卻是多種技術分析方法的綜合提煉，集中了0度角法則、股價形態理論、趨勢線分析理論的精髓。他的技術分析至今還被廣泛應用著，因為這些方法對重要支撐與阻力的判斷精確度很高，甚至簡單的角度線就可以有效地研判重要的轉折點。

紙上得來終覺淺，絕知此事要躬行。我們讀江恩，應該著眼於追隨大師的思路，比如計算週期，比如資金管理和自我管理，而不是機械地套用他的交易手法。我們追隨江恩，應該借用大師的測市路徑尋找市場規律，並結合股市的特點考量未來，然後站在未來的高度把控當下的市場。

　　江恩的終極感悟還包括，健康才是人生最大的財富：「你不應在憂心忡忡或意氣消沉的時候進行交易。當你身心不適時，你的判斷總會出錯。成功投機者的規則之一就是應當保持身心健康，因為健康就是財富。」願讀者能反覆閱讀江恩的著述，並帶著他的訓誡去磨練和自省，進而獲得穿越牛熊的魔力，像大師一樣以健康的身心與市場共存45年。

原序

早在1910年，我曾應朋友之邀撰寫過一本名為《投機：一個有利可圖的職業》（*Speculation a Profitable Profession*）的小冊子。其中，我列出了幾條曾助我在股市中獲利的成功法則。

之後，為了幫助那些想從投機和投資交易中獲利的人，1923年初，我又撰寫了《股市行情的真諦》（*Truth of the Stock Tape*）一書。這本書獲得了讀者們的廣泛讚譽，許多人甚至將其稱為我的代表作，而讀者們一封封飽含感激之情的來信，也證明這本書的確實現了我的寫作初衷。在我對1929年的股市大恐慌進行了成功預言之後，讀者們又紛紛要求我再出一本新書，以適應《股市行情的真諦》出版後時代的變遷。為此，我於1930年初，撰寫了《華爾街股票選擇器》（*Wall Street Stock Selector*），這本書涵蓋了我從1923年以來的實踐經驗中總結出來的新規則，相信必能使讀者們從中受益。在《華爾街股票選擇器》一書中，我預言到，一次有史以來人類所能想像到的最大恐慌——「投資者恐慌」即將到來，而1932年7月結束的股市大恐慌證實了我的這一預言，在這場「災難」中，一些股票甚至跌到了它們在過去四、五十年間曾有過的最低點。

1932年的噩夢結束之後，股市出現了一輪大漲行情，而我所總結的炒股規則讓很多投資者獲利頗豐。

讀者對此感到比較滿意，又紛紛要求我繼續寫作新書，於是1935年末，我的第三本書《新股票趨勢探測器》（*New Stock Trend Detector*）面世，書中既有我的經驗總結，也有我新發現的一些實用規則，它將繼續為讀者

們提供幫助。

1935年至今，世界已經發生了許多變化，市場也從我預測的1937年恐慌中恢復了過來，這輪下跌行情終止於1938年3月，而隨後的一輪小牛市一直持續到1938年11月10日。

1939年9月1日，第二次世界大戰爆發。1941年12月，美國參戰。身陷戰爭中的美國股市出現了進一步清償，市場於1942年4月28日到達最低點，不僅打破了1938年時的最低價位，且處於1932年以來的最低點。

緊隨1942年這個最低點的是新一輪的漲勢，其漲勢持久，一直持續到1945年8月對日作戰結束之後。

1946年5月29日，股市達到了1929年以來的最高位。我根據自己制定的規則準確預測出了這輪上升行情的頂部，以及隨後的急劇下跌行情。而事實上，這輪下跌直到1946年10月30日才剎車止步。

距離我撰寫上一本書《新股票趨勢探測器》至今，已經過去了14個年頭，在這段時間裡，我經過市場操作又獲得了更多知識。這個世界複雜而多變，投資人經常會因經濟蕭條和股市下挫而感到困惑、迷茫，因此許多人寫信請我再寫一本新書。本著幫助他人的美好願望，我撰寫了《江恩華爾街45年》，這本書既是我操作經驗的總結，也概括了我對股市的新發現，希望此書能對在困境中艱難跋涉的讀者們有所幫助。我現年已經72歲，功名於我毫無意義，我的收入也早就數倍於我所需的支出，因此，我寫這本新書只有一個目的，那就是送給讀者一份最珍貴的禮物——知識！如果讀者們能從中學到更安全的投資方法，那我的目的就達到了，而讀者對本書感到滿意將是對我的最好獎賞。

W.D.江恩

1949年7月2日

目錄

第十六章 美國能打得起另一場世界大戰嗎

後記

第一章

現在比1932年前更難獲利嗎

　　許多人都曾寫信問過我這個問題。我的回答是：未必。只要你挑選的股票正確，現在仍能賺取大把的利潤。不過，不可否認的是，交易環境的變化已經在某種程度上改變了市場的交易行為：政府下達各種法令對股票交易加強監管，並要求投資者繳納更高的保證金，而各種所得稅法的頒布使得長線投資的優勢越來越明顯，因為這樣可以免交過多的所得稅。同時，由於短期的股價劇烈振盪，在股市裡博一時差價的投機行為也已不再划算。總之，那種坐在經紀人的辦公室裡就能解讀即時行情的時代早已成為過去，現在，只有花時間去繪製走勢圖並仔細研究，才有可能真正盈利。

　　很多上市已久的股票價格已經基本穩定，走勢波動日益趨緩，所以基本不可能在短時間內迅速獲利。畢竟，高達每股100美元以上，並且寬幅振盪的股票已經少之又少。

我買股票，我每天看資料。

★ 巴菲特

當1949年6月14日股指到達最低點時，大約有1,100檔股票在進行交易，但其中價格超過100美元的股票僅有112檔。這些股票大多是投資者持有的優先股，不僅流動性較差，且波動範圍小。6月14日當天，價格低於每股20美元的股票共有315檔，低於每股10美元的202檔，低於每股5美元的83檔，合計共有600檔，即超過總數50%以上的股票價格低於每股20美元。既然存在這麼多低價交易的股票，那你就只能透過長線持有來賺錢。

另外，近年來，許多高價股都已進行分紅派息和股本拆分，以至於越來越多的股票變成了低價股。

以同等資本多賺錢

與幾年前相比，如今你大可以用相同的資本賺更多的錢。例如，過去，如果某檔股票售價100美元一股，你想買1手就必須湊齊1萬美元，並一次付清所有現金。但如今你僅憑50%的保證金就可以購買這檔股票，如果它上漲了10點，你就盈利1,000美元，即自有資本的20%。現在，假定你要按50%的保證金買入1,000股每股價格為10美元的股票，也只需投入5,000美元。若是這檔股票上漲5點，你就能獲利5,000美元，即原有資本的100%。現今的股市裡存在著大量價格低、前景好的股票，所以，不必擔心，你總有機會像以前一樣迅速獲利。

> 如果我們有堅定的長期投資期望，那麼短期的價格波動對我們來說就毫無意義，除非它們能夠讓我們有機會以更便宜的價格增加股份。
>
> ★ 巴菲特

成交量減少的祕密

　　近幾年來紐約證券交易所的股票交易量明顯減少，這是人們買入股票並長期持有造成的結果。自各種證券交易監管條例實行後，聯合資金操縱股票就已經成為過去，但這並不代表著今後不會再出現大牛市和大行情。時間一天天過去，大量股票逐漸分散到那些長期持有的投資者手中，大批流通股被逐漸消化吸收，而當某一天，某個突發事件掀起購買浪潮的時候，買家就會發現股票的供給稀缺，而股票的價格也必然會被推高。股價越高，買家就越多，這是股票交易中很常見的現象，它常常導致在牛市的末期出現最後的衝刺和股價的飆升。以往發生的事會在未來重複出現——在華爾街，歷史總是在不斷重演。

　　1946年1月，美國政府頒布了一項規定，要求人們購買股票時必須繳納100%的保證金，換句話說，就是要求全額現款炒股。當時的股市正在高位運行，而且已經連漲三年半，政府頒布的這項規定會打消人們的購買熱情嗎？答案是否定的。規定頒布的次日，道瓊指數不僅上漲了20多點，而且漲勢一直持續了5個多月，直到到達1946年5月29日的最高點。這件事表明，只要人們的購買欲望十足，政府並不能阻止股價的上揚。實際上，許多投資人都認為，政府採取這樣的措施是因為擔心股價的上揚會失去控制，對此深信不疑的投資者不斷地買入股票，而根本不管需要交納多少保證金。經驗告訴我，只要時間週期指明上升趨勢，那麼什麼也阻擋不了股市的上漲；而只要時間週期指明下降趨勢，那麼什麼也阻擋不了市場的下

　　投資很像尋找心愛的人。冥思苦想，列出一份你夢中的她需要具備的優點清單。然後找呀找呀，突然碰到了你中意的那個她，然後你們就結合了。

　　　　　　　　　　　　　　　　　　　　　　　　　　　　★ 巴菲特

跌。正因如此，股票才可能因利空消息而上漲、因利多消息而下跌。

1949年3月，政府將股票交易的保證金下調到50%。許多人認為這是個特大利多消息，能夠啟動一輪大牛市，可結果卻出乎人們的意料：股票反彈兩天至3月30日，然後轉而下跌，到6月14日時，平均指數已下跌超過18點。指數之所以下跌是因為趨勢已經向下，而且時間週期還沒有跳出低谷。

股市中的交叉流向（Cross Currents）

近年來，股票市場的複雜程度遠勝以往，在同一時刻，一些股票上漲，而另一些卻在下跌，原因是，行業不同其所處的環境條件也各不相同。但不管怎樣，如果你能堅持繪製高低價月線圖（Monthly High and Low Chart），並運用我說的規則仔細研究，就可以對這些交叉流向瞭若指掌，並把握個股的變化趨勢。

為什麼會在股市中賠錢

大多數投資人之所以會賠錢主要是因為以下三點：

1. 從資本角度來說，交易過度或買賣過於頻繁。

2. 沒有下停損單（Stop-Loss order），或是當某一投資的虧損達到預定的數額時，沒能及時出局限制損失。

3. 不瞭解市場，這是最重要的原因。

絕大多數人買入股票的目的，是期待股價上漲而從中獲利。他們或是打聽小道消息，或是盲目聽從他人的意見，自己卻沒有任何關於個股價格

趨勢的知識。因為他們是懵懵懂懂進入股市的，當然不能認識到自己犯了什麼錯誤，更別提及時改正了。最後，因為害怕股價再跌，他們無奈之下開始拋售股票藉以脫身，但這個拋售時機常常是錯誤的，因為這時一般就是股市的底部。如此一來，他們就犯了兩個錯誤：在錯誤的時間入市，又在錯誤的時間出市。後一個錯誤本可以避免，也就是說他們本可以在錯誤地入市後及時脫身，但他們沒有意識到，就像工程或醫學一樣，操作股票或商品期貨本身也是一種行業或專業，也需要具備專業知識。

學會研判市場趨勢

過去，你可能跟很多人一樣，也是根據市場評論進行操作，也是一樣賠錢或是白費心力，因為市場評論推薦了太多的股票供你參考，而你恰恰買入了錯誤的一檔並因此賠錢。可是，如果你足夠聰明，那麼，即使他人給你的意見是正確的，你也不會盲從，因為當你自己也不知道這些建議的根據時，就不可能有信心來進行操作。只有自己可以看出並且透徹瞭解了股票上漲或下跌的原因，才能滿懷信心地投身股市並從中獲利。

這就是為什麼我一再強調，要你研究我所制定的所有交易規則，並親手繪製個股走勢圖以及平均指數走勢圖的原因。如果你照做了，就等於準備好以獨立的方式投身股市，而不再會隨便為別人的建議所左右，如此一來，你定會從這些歷經時間驗證的規則中判斷出市場應有的趨勢。

從短期看來，股票是一個投票機；從長期看來，股市是一個體重機。

★ 巴菲特

第二章

股市中的交易規則

要想在股票交易中獲利，就必須先學習股票的相關知識，而且必須在你賠錢之前就開始學習。許多投資者在進入股市時對股票一無所知，而當他們意識到入市前應該先預習功課時，就已經損失了大部分本錢。本章中的交易規則是我身處股市45年來的經驗總結，如果你能靈活運用，這些規則必將助你取得成功。

首先要明白一點，那就是沒人能保證在購買股票時不犯錯誤，因此你必須知道如何來糾正錯誤。解決辦法就是設置停損單，減小風險，停損點可以比你買入的價位低1、2或3點。如此一來，一旦自己判斷失誤，就可以自動斬倉出局，使自己在有確定的徵兆時得以重新入市。不要憑猜測行事，要按明確的規則和指向進行操作，這樣做會增加你的成功機會。

請讀一讀我在《股票行情的真諦》、《華爾街股票選擇器》和《新股票趨勢探測器》中列舉的所有規則和例子，並認真研究我在這本《江恩

我們不因大人物，或大多數人的贊同而心安理得，也不因他們的反對而擔心。

★ 巴菲特

華爾街45年》中總結出的12條和24條規則。這些規則都是金玉良言,如果你仔細研究,必能從中受益。請記住,學無止境,永遠不要以為自己已經通曉一切,要時刻準備學習新的東西,否則你就會止步不前。時間和環境都在變,你要學會隨勢而動。同時,江山易改但本性難移,這就導致了雖然年代不同,但股市的歷史卻周而復始,在一定條件下年復一年地重複波動。

規則1:研判趨勢

研判道瓊工業平均指數、15種公用事業股平均指數或其他任何你想要參與交易的股票板塊的平均指數,然後在這些板塊中挑選你要交易的股票,並觀察它的趨向指標與平均指數是否一致。你應當使用平均指數的3日圖(3-Day Chart),以及本書後面說明的平均指數9點擺動圖(9-Point Average Swing Chart),和其他所有規則來確定正確的買賣時機。

規則2:在單底、雙底和三底買入

在雙底和三底,或接近前一個底、頂或阻力位的單底買入。請牢記這條規則:當市場超越了前面的頭並出現反轉現象,或略微跌破時,那些本來是賣點的頭或頂就成了底、支撐線或買點。要在單頂、雙頂或三頂處賣

> 你不得不自己動腦。我總是吃驚於那麼多高智商的人,也會沒有頭腦的模仿。在別人的交談中,沒有得到任何好的想法。
>
> ★ 巴菲特

出。此外，還要記住，當以前的頂被突破若干點後，市場再次反彈達到或接近這個位置時，這裡就形成了一個賣點。當你做完一筆交易後，應當選擇一個適當和安全的位置設置停損單，並立刻將其交給你的經紀人。當你不知道該在哪設置停損單時，就不要進行交易。

還有一個現象絕對不容忽視，那就是當平均指數或個股在第四次到達同一頂部價格位置的時候，這是個股或大盤即將出現上行的徵兆，不適合成為賣點。而這條規則用在底部也一樣成立，當股票第四次跌到同一底部位置時，多數時候它總會破位繼續下行。

雙頂和雙底的意義

平均指數的雙頂可以有3～5點的範圍區間。除個別極端情況外，大多數雙頂在1～2點的範圍內變動。同理，雙底也是這樣形成的。如果幾年前在相同的低位附近已經有過一個底，那麼平均指數可能會跌破前一個底4～5點，但這並不意味著指數會走低，而是可能會在這裡形成一個雙底或三底。

一般情況下，個股會在2～3點的範圍內形成雙頂，有時也會在1～2點的範圍內變動。雙底的形成亦然：在2～3點的範圍內做雙底，有時第二個底會比前一個低1～2點。對個股的停損單應設置在比雙頂或三頂高1～3點的範圍內，具體數值要看股票的價格有多高。此外，停損單還應下在比雙底或三底低1～3點的位置上。

當平均指數或個股第三次到達同一位置時會出現三頂或三底。一般來說，這是最適宜的交易位置，因為市場在三頂或三底處駐留的時間非常短。

規則3：按百分比買賣

只要下跌或反彈未出現重大變化，就在從任何高位下跌50％的位置處買入，或在從低位反彈50％的位置賣出。可以利用個股及平均指數的百分比來判斷阻力位和買賣點。這樣的百分比可以是3％～5％，10％～12％，20％～25％，33％～37％，45％～50％，62％～67％，72％～78％，以及85％～87％。其中最重要的阻力位是50％和100％，以及與100％成比例的部分（可以參見本書第四章中的例子）。

規則4：按三週上漲或下跌買賣

當牛市中的主要趨勢向上時，可在為期3週的調整或下跌後買入，因為這是強勁牛市的平均調整週期。而在熊市中，如果大盤趨勢向下，那就可在大約為期3週的反彈後賣出。

當市場上漲或下跌30天甚至更長的時間後，下一個需要留心頂部和底部的時間週期大約是6～7週，這將是一個買賣點。當然為了保險起見，不要忘記根據這些阻力位設置停損單。如果市場反彈或下跌45～49天以上，那麼下一個需要注意的時間週期大約是60～65天，這是熊市中出現反彈以及牛市中出現回檔最常見的時間週期。

恐懼是盲從投資者的敵人，但卻是理性投資者的朋友。

★ 巴菲特

規則5：市場分段波動

股市按三至四段呈波浪運動。如果市場剛向上運行了第一段，絕不要以為它已經到達了最終的頭部，因為只有到達頭部前至少運行了三個波段，甚至更多時候要運行四個波段的，才是真正的牛市。

而在處於熊市或下跌的市場中，如果市場剛走完第一跌或第一段，絕不要以為它已到達最終的底部，因為在熊市結束以前，下跌行情會持續三個甚至是四個波段。

規則6：按5～7點波動買賣

應該在個股調整5～7點時進行買賣交易。當市場強勢時，調整將是5～7點，但最多不會超過9～10點。透過研究道瓊工業平均指數，你會發現，一次反彈或調整往往少於10點。同時，對於一般的買賣位置，要密切注意10～12點的反彈或下跌。另外，從任何重要的頭部或底部開始的18～21點的上漲或下跌，也是一個需要密切關注的位置。通常情況下，平均指數的這種變化代表的是一輪行情的結束。

何時獲利了結，這是當你買入或賣出股票後必須弄清楚的一件事。請遵循這裡所說的規則，不要在行情出現明顯的轉勢前平倉。

人不是天生就具有這種才能的，即始終能知道一切。但是那些努力工作的人有這樣的才能。他們尋找和精選世界上被錯誤定價的賭注。

★ 巴菲特

規則7：成交量

研究成交量的變化有助於確定股市趨勢何時反轉。因此，要結合時間週期研究紐約證券交易所的成交總量，並結合本書中關於成交量的各種規則來研究個股的成交量變化。

規則8：時間週期

在研判趨勢的變化時，最重要的就是時間因素和時間週期，因為時間因素能使價格出現變化。在某些時候，成交量的放大會迫使價格走高或走低。

趨勢變化的日期——股票市場指數和個股的趨勢遵循一種季節性的週期變化，這種趨勢會因年分的不同而變換，只要瞭解這些重要的日期並對它們保持密切關注，你就可以透過應用除此之外的其他所有規則，快速研判趨勢中出現的變化。這些重要的日期包括：

1月7日～10日，以及19日～24日。這些是每年年初最重要的日期，那些持續數週、有時甚至是數月的趨勢，往往就是在這些日期附近出現變化。關於這一點，你可以透過查閱以往的交易記錄來加以驗證。

2月3日～10日，以及20日～25日。這些日期的重要性僅次於1月分的。

3月20日～27日。這個日期附近會出現小的轉勢，有時也會出現重要的大頂或深底。

4月7日～12日，以及20日～25日。雖然不如1月和2月的日期那麼重要，但4月的下半月對於趨勢性的轉折來說往往是相當重要的時期。

5月3日～10日，以及21日～28日。在這個月裡發生的趨勢變化其重要性絕不遜色於1月和2月，以往許多重要的大頂和深底都出現在5月的這些日期附近，並進一步發生趨勢的逆轉。

6月10日～15日，以及21日～27日。一些小的轉勢會出現這些日期附近，而且在某些年分裡，會出現極限最高點和極限最低點，例如：1948年6月14日的極限最高點，1949年6月14日的極限最低點。

7月7日～10日，以及21日～27日。這個月的重要性僅次於1月，因為它位於一年的中間，正是上市公司進行分紅的時間，而季節性的變化以及公司的盈利狀況（農作物的收成情況）也會影響股票趨勢的變化。

8月5日～8日，以及14日～20日。說起轉勢，從某種程度上來說，這個月的重要性可以等同於2月。只要你查閱以往的記錄，就會發現很多重要的轉勢都出現在這些日期的附近。

9月3日～10日，以及21日～28日。這些時期是一年之中最為重要的，特別是對於頂部或牛市的最後上升階段來說更是如此，因為相比其他月分，最高點出現在9月的頻率更高。某些小的轉勢，無論是上漲還是下跌，也都發生在這些日期附近。

10月7日～14日，以及21日～30日。這些時期相當重要，一些重要的轉勢會出現於此。如果市場的上漲或下跌已經持續了一段時間，這些日期就更要多加注意。

11月5日～10日，以及20日～30日。歷史研究顯示，對轉勢來說，這些日期十分重要。在選舉年，轉勢往往會發生在這個月初，而在其他年分

裡，股市常常在20日～30日之間走低。

12月3日～10日，以及15日～24日。在曾經長達數年的時間裡，12月的下半月以及進入1月的時期，出現轉勢的百分比非常高。

參考3日圖上出現極限最高點和極限最低點的確切日期，查看這些過去的日期，並在將來的月分中多加留心。

在尋找市場轉勢日期的時候，請注意市場是否已經離開最高價或最低價7～12天、18～21天、28～31天、42～49天、57～65天、85～92天、112～120天、150～157天或175～185天這些時間週期，在這些時間段內開始時的頂部和底部越重要，轉勢也就越重要。

平均指數或個股在上漲或下跌了相當長一段時間之後，就會失去平衡，而且這段時間持續得越長，就會進行力度越大的調整或反彈。如果某次下跌比前一次下跌的時間要長，就意味著轉勢，至少是暫時改變的徵兆。如果股價大大高於前一次下跌或調整時的點數，就意味著市場失去了平衡，轉勢也即將發生。

反之，這條規則也可以運用於熊市之中。如果股票已經下跌了相當長的一段時間，而某個反彈的時間段首次長於前一個反彈時間段的時候，就表明趨勢正在改變，至少是暫時性的改變。如果股價反彈首次超過前一次的幅度，就意味著空間運動或價格運動失去了平衡，而轉勢已經開始。與價格的反轉相比，時間的變化更為重要。而當這些反轉出現時，你可以應用所有的規則來驗證轉勢在這個時間點是不是必然發生。

當市場正在接近一輪長期上漲或下跌的終點，並且到達第三段或第四段的時候，相比前一段的市場上漲，新波段的價格漲幅會減小，上漲的時間也會縮短，這意味著轉勢即將出現。在熊市或下跌的市場中，與前一段的市場下跌相比，如果股價下跌的點數減少，且波動時間縮短，這就表示

熊市的時間週期即將進入尾聲。

規則9：在頂、底均上行時買入

要在市場的頂和底都持續上行時進行買入操作，因為這代表著市場的主要趨勢依然向上。在市場的頂和底不斷下移時賣出，因為這說明市場的主要趨勢向下。時間週期永遠都很重要。要注意以前的頭部至頭部，以及底部至底部的時間跨度，同時，還要注意市場從最低點升至最高點，以及股價從最高點跌至最低點經歷了多長時間。

當市場波動變化較小且波動週期也很小的時候，尤其是對低價段來說，你所要做的就是堅持繪製高低價月線圖；當股價開始活躍時，你可以開始繪製高低價周線圖（Weekly High and Low Charts）；而對於在高位運行的股票，你應當繪製高低價日線圖（Daily High and Low Charts）。但不要忘記，不管怎樣，高低價日線圖都遠比不上作為一種趨勢指標的3日轉向圖（3-Day Swing Charts）重要。

規則10：牛市中趨勢的變化

趨勢的反轉往往出現在節假日的前後。請大家記住，下面所列的日期非常重要：1月3日、5月30日、7月4日、9月初、勞動日後、10月10日～14日、選舉年的11月3日～8日，以及11月25日～30日、感恩節和12月24日～28日。在轉勢正式形成之前，最後的那段時期可能會延長至1月初。

當道瓊工業平均指數或個股的價格突破9點擺動圖中的前一個最低點，或3日轉向圖中前一個最低點時，就說明趨勢正在改變，或者至少出現

了暫時性的變化。

熊市：如果一個下跌市場中的股價，在9點擺動圖上超過前一個反彈的最高點，或在3日轉向圖上超過前一個反彈的最高點，這就是趨勢變化的第一個信號。當股價在高位運行時，常常會經歷幾次上下振盪，所以，當市場突破上一次振盪的最低點時，就代表著趨勢的變化或反轉。

在低位運行時，股價常常會減緩跌勢，並在一個狹小的交易區間內持續運行一段時間，但若是它們隨後穿過前一次反彈的最高點，這對判斷趨勢變化來說就十分重要了。

要時刻牢記仔細查看市場，看其是否正好離任何極限最高價或極限最低價相距1、2、3、4或5年。檢查一下，市場與任何極限最低價之間的時間跨度是否是15、22、34、42、48或49個月；這些月數是關注趨勢變化的重要時間週期。

規則11：最安全的買賣點

在確定的轉勢形成之後再購買股票總是最安全的。當股票築底後會有一波反彈，之後出現次級調整（Secondary Reaction），並在一個更高的底部獲得支撐。如果這時開始出現上漲，而且衝破第一次反彈的頭部，那就是最安全的買點，因為市場已經給出了上升信號。此時可以將停損單可以設置在次級底的下方。

對於大多數投資者而言，重要的不是他知道什麼，而是清醒地知道自己不知道什麼。

★ 巴菲特

當市場已經上漲了很長一段時間，創出最後一個高價，並出現了第一次快速垂直下跌後，會反彈並形成第二個頂部，而這個頂部的高度會略低一些。隨後市場又會從這個頂部開始下跌，並跌穿第一次下跌時的最低點，這是一個相對安全的賣點，因為它給出了主要趨勢已經調頭向下的信號。

2日回檔和2日反彈：這是活躍的市場中最重要的時間週期。回檔只持續兩天，不會在第三天繼續下跌，只要不出現任何轉勢的跡象，這種情況就會頻繁出現。如果個股或平均指數只回檔兩天，就說明多頭氣勢很強。你可以在3日轉向圖中找到這些2日運動。

在一個活躍且迅速下跌的市場之中，反彈往往陡直而迅速，且只持續兩天。如果你研究3日轉向圖，就可以在1929年的股市大跌和1930～1931年大熊市中，找到很多這樣的反彈。

要記住：如果趨勢向上，那麼不管股價多高都可以考慮買進；如果趨勢向下，那麼不管股價多低都可考慮拋出。永遠不要忘記用停損單來保護自己的投資，讓自己不至於遭受損失過大。永遠要記得順勢而行，斷不能逆勢而為。要在強勢中買進，在弱勢中賣出。

規則12：在快速波動中獲利

當市場十分活躍、股票上漲和下跌都十分迅速的時候，平均每日升降可達1點。如果平均指數或個股每天波動2點或超過2點，就說明它已偏離正常的軌道，持續的時間不會太長。在牛市裡，這種波動會出現在短期和迅速的回檔或下跌之中；在熊市裡，當趨勢向下時，這些迅速的反彈會在一個極短的時間段內抬高價位。具體請參見本書第五章中的資料和例子。

為了讓大家加深印象，我要再次強調：如果你想在股票市場中獲得成功，就必須投入大量的時間進行學習研究，你花費的時間與得到的知識還有今後獲得的利潤是呈正比的。為了探索和測試上述這12條規則，我花費了長達45年的時間進行實踐，在這個過程中，我領悟到了成功的祕訣。我已經將這些經過實踐檢驗的有效規則係數告知大家，剩下就看你的了。要想在股市中獲利，你必須學習這些規則，並在實踐中靈活加以運用。

24條常勝規則

交易者若想在股票市場上取得成功，就必須為自己制定一套明確的規則，並遵照執行。下面你看到這24條規則是我根據自己的經驗總結出來的，相信任何人只要遵此而行就會獲得成功。

1.資金的使用量：將你的資金半均分成十份，要保證每次交易時使用的資金不超過其十分之一。

2.使用停損單。為了保證投資安全，每完成一筆交易，都要在距離成交價3～5點處設置停損單。

3.絕不過度交易。它會破壞你的資金使用規則。

4.絕不讓盈利變為損失。如果你獲得了3點或更多的利潤，請立即提高停損單的設置點位，這樣才不會讓你的資本遭受損失。

5.切勿逆勢而為。當你無法根據走勢圖確定趨勢時，絕不要進行買賣交易。

> 只有在退潮的時候，你才知道誰一直在光著身子游泳！
>
> ★ 巴菲特

6.看不準行情的時候就退出，不要在看不準行情的情況下入市。

7.只交易那些活躍的股票。不要介入那些運動緩慢、成交稀少的股票。

8.平均分攤風險。如果條件允許，可以選擇交易4或5檔股票，不要把全部資金投到一檔股票上。

9.不要限制委託條件，或事先固定買賣價格。要根據市場情況採用市價委託，見機而行。

10.若沒有好的理由，就不要平倉。但要記住下停損單保護你的利潤。

11.累積盈餘。當你進行了幾次成功的操作後，請把部分盈利轉入盈餘帳戶，以備不時之需。

12.絕不只為獲得一次分紅而買進股票。

13.絕不平均計算個股方面的損失。這也是投資人最容易犯的也是最糟糕的錯誤之一。

14.絕不因為失去耐心而出市，也不要因為急不可耐而入市。

15.避免贏小利而虧大錢。

16.不要在交易過程中撤銷你已經設置的停損單。

17.避免出入市過於頻繁。

18.願賣的同時也要願買。讓你的目的與趨勢保持一致並從中獲利。

19.絕對不要只是因為股價低而買入，也不要因為股價高而賣出。

20.避免在錯誤的時候使用金字塔交易法補倉加碼。等股票活躍並衝破阻力位後再加碼買入，等股票跌破主力派發區域後再加碼做空。

把市場的波動看作是你的朋友而不是你的敵人，從市場的愚蠢中獲利，而不是參與其中。

★ 巴菲特

21.挑選小盤股做多，挑選大盤股做空。

22.絕不做對沖交易（Hedge）。如果你做多了一檔股票，而它開始一路走低，切記不要賣出另一檔股票來補倉。你要做的是認賠，離場，然後等待下一個機會。

23.若沒有充足的理由，就絕不在市場中變換多空位置。進行交易時必須有某種充足的理由，或依照某種明確的計畫行事。因此，在市場未出現明確的轉勢跡象前不要離場。

24.避免在長期的成功或盈利後就增加交易次數。

當你決定進行一筆交易時，一定要檢查自己有沒有違背這24條規則中的任何一條，因為這些規則對你交易的成功有著無與倫比的重要作用。當你「虧損」時，請對照這些規則看看你違反了哪一條，以免今後再犯類似的錯誤。你會經過自己的親身實踐和調查學習感受到這些規則的價值，觀察和研究可以讓你掌握一種可以在華爾街獲得成功的、正確而實用的理論。

資本的安全

你要優先納入考慮的就是如何保護自己的資本，以及盡可能確保交易安全進行。其實有一條規則是既安全又穩妥的，只要你願意一直遵守它，就可以永保資金安全，並在每年的年末取得位居前列的盈利。這條規則就

> 投資的一切在於，在適當的時機挑選好的股票之後，只要它們的情況良好就一直持有。
>
> ★ 巴菲特

是：將你的資金平均分成十份，保證在每次交易中，不冒險投入超過你資本的十分之一或百分之十。如果你起步於1,000美元，那麼你在第一次交易時就不要拿出超過100美元，而且要用下停損單的方法來限制損失。手上有10股股票，損失3點即30美元，總好過有100股股票卻損失300美元。只要手裡還有資金，你遲早能發現新的獲利機會。若是開始時就冒巨大的風險，你的資金就會處境危險，而你的判斷能力也會被削弱。謹遵這條規則進行交易，即使偶有損失，也不會讓你惶惶不安。

停損單

對投資者來說，使用停損單是確保安全的唯一法寶，有關停損單的好處我已在前文中多次提到，這裡不再重複。我想說的是，一個下了停損單的投資者或交易者，可能十次中有一次恰好將停損單的委託價格設置在了頂部或底部，此後，他一直對這件事念念不忘，並說，「我是設置了停損單沒錯，可誰知股價正好下跌到委託價，或正好上升到停損點，隨後市場就朝另一個方向行進了。」所以，下次他就不再使用停損單了。而他的經紀人也常常在他耳邊念叨，說停損單就是個倒楣蛋，總能碰到轉捩點。然而，這個交易者顯然忘了，除了之前那一次，其他八、九次停損單都是正確的，可以讓他在市場與自己的期望背道而馳時及時離場，避免更大的損失。所以，如果哪次停損單讓你錯誤地離場，那麼，為了補償這個錯誤，下面的九次它一定會發揮作用，使你正確地脫身。因此千萬不要忘記使用停損單。

堅守規則

　　智者總是善於轉變觀念，而愚者總是故步自封；智者在作決定前會先進行調查，而愚者僅僅是作決定。在華爾街，不轉變觀念的人很快就會頭腦僵化，但是，一旦你理由充足地決定進行一筆交易後，就不要毫無緣由地改變。尤其要記住，不要在市場與你的判斷背道而馳時更改或取消停損單。設置停損單來保護自己是你開始一筆交易時要做的頭等大事，這絕對是一個明智之舉；反之，要改變這個決定，那就是愚蠢之舉。我知道你之所以撤銷已經設置的停損單，並不是出於什麼正確的判斷而是因為希望，但在華爾街，光靠希望只會使你賠錢。一旦你設置了停損單，而且中途不予撤銷，那麼十有八九，事實會將它能產生的最佳結果呈現在你面前——堅持這條規則的人將取得成功。這裡我要重申，如果你不能遵守某一種規則，就不要進入股市，否則必將血本無歸。而在你必須遵守且永不能偏離的規則中，尤為重要的一條，就是在你交易的同時要設置停損單且不能中途撤銷。

過度交易

　　為什麼歷史會一再重演？這是人性的弱點導致的。幻想一夜暴富的貪欲已讓無數投資人付出了慘痛的代價。過度交易是投資人身上最大的弱點，相信每位有經驗的投資人對此都深有體會，可是很多人仍然選擇了放

在價值投資中，風險與報酬不成正比而成反比。

★ 巴菲特

任自流，直至傾家蕩產。我們必須戰勝這個弱點，而停損單正是能夠治癒過這一弱點的良方。

保護盈利

保護盈利與保護資本同等重要。一旦你在某筆交易中獲利，就絕不能讓它化為烏有，再變成損失。這條規則要求投資人做到的不是絕對遵從，而且應當根據利潤的大小來確定在何處設置停損單。下面我要給大家介紹一條可適用於一般情況下且最安全的規則：一旦一檔股票朝著對你有利的方向運動了3點，就按原先的價格位置設置停損點，即使這個價格是個轉捩點也不例外。對於交易活躍的價格高起的股票，你可以等到它有4～5點的利潤時，再將停損點改設在市場一旦反轉而你正好打平手的地方。如此一來，你就可以將風險降到最低，將獲利的可能性增至最大。只要股票朝對你有利方向的運動，你就必須緊跟著調整停損點的設置，這可以保護並增加盈利。

何時買入

何時買入這個問題非常重要，必須依據某種規則或信號來下單。如果你僅憑主觀印象判斷市場正在接近底部或頂部，那麼你會發現，70％的時候你都是錯的。對你來說，當前市場的狀態怎樣以及它會如何運動並不重要，重要的是，你期待日後獲利時市場趨勢的跡象是什麼。

當一個股票到達低位或高位你想建倉的時候，就應當等到趨勢已經向上或向下的信號出現。儘管有時你會因等待而錯過底部或頂部，但觀望

可以使你保全資金免遭損失，直至你有確定的理由相信自己不是在逆勢而為。

切記，你的目的不是要獲得多大的利潤，或造成多大的損失，不要眼睛只盯著錢。你應該把全部的時間和精力投入到研判市場的趨勢上來，順應市場的趨勢，讓你的目標與市場保持一致。如果你能夠保持與市場趨勢一致，利潤自會滾滾而來；而一旦判斷失誤，那麼就啟用古老而可靠的保護傘——設置停損單吧。

何時賣出

投資者常常會過早地從股市中離場，原因是，他們已經持有股票很長一段時問，等待的就是股票交投活躍，價格上漲的時刻，所以會在股價第一次上升階段就匆忙地全部賣出，但實際上，這樣做是錯的。關於這一點，看一下艾奇遜公司（Atchison）、美國電報電話公司（AT&T）和紐約中央公司（New York Central）的轉向圖，你自然就會明白。

還有這樣一類投資者，他們總是離場太遲，因為當大漲勢來臨時，他常捂著股票不放手，寄希望於股價能再創新高。可事實上，股價永遠也不會到達他希望賣出的價格。於是，當股價開始第一次快速下跌時，他決定如果股票再次上升至前一個高點，就出貨。結果，股票確實上揚了，但沒有到達前一個高點，隨後便調頭下滑，創出新低，此時，他再次在心裡劃定了一個他願意賣出的價格，但這僅僅是一個「希望」而已。此後，他眼

時間是傑出（快樂）人的朋友，平庸（痛哭）者的敵人。

★ 巴菲特

睜睜地看著股票越跌越低，最終在股票已經從頂部跌了一大段後才沮喪地清倉出貨。永遠等到看出趨勢發生變化時再拋售股票，這並沒有錯，但問題是，一旦你確定趨勢已在改變，就應做到毫不遲疑地清倉。對於這種類型的交易者來說，最好的規則就是使用停損單，即使委託價與期望的價位尚有10～20點的距離也不要遲疑。

延誤的危險

在華爾街，向來是行動派盈利，拖延者受窮。光依靠內心的希望起不到任何作用，它根本不能讓你在博弈中獲勝。憑希望去賭一把的人總是會輸到傾家蕩產，所以，你必須停止依賴這種毫無用處的希望，多用腦子思考。而且，思考也只是前提條件，你更需要做的是在正確的時間切實行動起來，否則再多的深思熟慮也沒用。知道該什麼時候行動，卻又不動手，這同樣於事無補。延誤總是危險的。在市場中，猶豫或延誤行動的時間越長，做出的判斷就越糟，也就越可能犯錯誤。停滯意味著死亡與毀滅，行動才代表著生命與活力。無論是否看對了行情，光想不動，都無法保本賺錢。所以請記住，立即採取行動，比只盼著天降橫財要好很多。切忌不要在你感到憂慮或沮喪的時候進行交易，因為身心不適容易使你的判斷出錯。保持身心健康也是使投資者成功的規則之一，因為健康就是財富。

大多數人寧願死也不願意思考。

★ 巴菲特

何時加碼

加碼有兩種方法。其中一種是在市場取得突破進入新的波動區間，創出新高（新低）的時候立即加碼買進（賣出）。在一個快速變動的市場中，當市場波動對你有利時，可以在每上漲或下跌3、5或10點時繼續買入或賣出，具體是多少點要看你所交易的股票類別或加碼的方法來決定。我的方法是要判斷調整的位置，以及股票已經從短期的頂部調整了多少點，或從短期的底部反彈了多少點。如果確實已經調整了3、5、7、10或12點，你就可以在從頂部開始的調整中進行第一、第二、第三或第四次加碼買進或賣出，這要根據過去的調整幅度等待3、5或10點。反之，在熊市中這條規則亦然。如果你從1924～1929年在通用汽車（General Motors）這檔股票上遵循這條規則，你就會發現你的加碼比相隔許多點買進或賣出要安全一些。

我的加碼時間規則是測定第一次重要調整的時間，它會在你加碼時為你提供幫助。例如，通用汽車從1924年開始上漲時僅調整了3週，所以每次當它從任何頂部調整2～3週時買入比較保險，直至它形成最終的頂部且主要趨勢發生反轉為止。用這種方法測定調整的時間並計算出來相關資料，可以讓你的利潤得到大幅提高，使你緊跟股票的主要趨勢，有時這種順勢行為甚至可以長達數年之久，而你常常可以從中獲得100～200點的利潤。就像其他規則那樣，這條時間規則只適用於活躍的市場行情中，對成交活躍、價格高企的股票尤其有效。

無論你使用哪種方法加碼，都不要忘記設置停損單來保護你的利潤。你獲得的利潤越多，能承受的市場波動空間就越大，可以容忍的市場轉熊或調整的空間也越大，換句話說，就是你可以讓將停損單的價位設置得離

目前的市場價遠一些，這樣市場的一次自然調整就不會對你的加碼有所干擾。比如，假設你已經抓住了一檔上漲的股票，而且與你最初的買價相比已有了100點的利潤。如果這檔股票之前曾有過回檔20點的時候，那麼它就有可能在不影響主要趨勢的情況下再次回檔20點，因此，你可以將停損價設置在低於市價20點，這樣一來，即使停損單成交，你的資本也不會遭受損失，充其量只是丟掉一部分帳面利潤罷了。不過，如果是在加碼的早期階段，你的停損點設置可能就必須緊貼市價，以此來保護你的初始資本。

想盈利多少

大多數投資人投資買賣的目的都是渴望獲得暴利，但他們從未好好算過，如果在10～20年的時間中，每年獲得25％的收益，意味著什麼。假設當初投入1,000美元，每年獲利25％，10年下來就是9,313.25美元。10,000美元，年增長速率為25％，10年就是93,132.70美元。由此你可以發現，如果一個人不貪圖暴利又操作穩健，那麼在不是太長的一段時期裡積累一筆財富是絕對有可能的。許多來華爾街的交易者都夢想著在一週或一個月內讓資本翻倍，實際上這根本就不可能。市場有時的確會存在一些絕佳的機會，讓你可以在一天、一週或一個月內大賺一筆，但這樣的機會實在是可遇不可求，就算你碰到了這樣的機會，賺得荷包滿滿，也決不能因此想入非非，幻想每天都有這種好事。請記住，在大多數情況下，市場都在正常波動，這也就意味著，在大多數時候你都不可能獲得超常的利潤。許多投機者在買賣一檔股票時既不考慮他們獲利的機會有多大，也不考慮損失的可能性有多大，如果你也是這樣，下面這句話就應當成為你的規則之一：如果你認為不可能獲得多於3～5點的利潤，就不要進行買賣，除非你的停

損單僅有1～2點。通常情況下，為了獲得可能的3～5點的利潤，而冒損失3～5點的風險都是不值得的，至少要等到盈利的機率大於損失時，再抓住機會進行交易。當你認為僅可獲利3～5點時就不要入市，因為你可能判斷失誤，而賠錢的機率可能等同於甚至超過這點數。最好是等到股票以某種方式穿越阻力位，而且進入了產生更大利潤和更久漲勢的區位。跑差價的人至多只能得到一點小小的甜頭，而永遠賺不了大錢。請記住，要想在股市獲得成功，你的利潤就必須永遠大於損失，而你的投資規則必須能減小損失，累積利潤。

該追加保證金嗎

在你完成一筆交易的同時也會存入相應的保證金，但如果之後股票的運行方向開始變得對你不利，而經紀人就此要求追加保證金，那麼，大多數時候，你要做的是按市價賣出，或回補你的空頭倉位，而不是放入更多的保證金。如果你已經存入了更多的保證金，那麼就在你頭腦清晰、判斷力好的時候，把它用在新的或是有更充足理由的交易上。當交易者第一次追加了保證金後，90％的情況下，他都會死捂這檔股票不撒手，然後就會接到第二個甚至第三個要他追加保證金的通知，而且只要還有錢他就會不斷追加，直到這檔股票上損失了他所有的資本。如果經紀人不得不通知你追加保證金，那麼一定是有什麼地方不對，此時你最明智的做法就是清倉離場。

> 如果你在錯誤的路上，奔跑也沒有用。
>
> ★ 巴菲特

聯名帳戶

如果不是萬不得已，不要開聯名帳戶，或與他人合夥投資。當兩個人擁有一個共同的帳戶時，他們可能在何時買入股票，或是何時賣空，甚至建倉的時機上都不會產生分歧，但麻煩接著就來了——在平倉時，由於各人對盈利的期望不一致，他們很少能在出手的時間和價格上取得一致意見，結果就會在退出交易時犯下錯誤：因為其中一個人不想退出，所以另一個人也只能選擇捂住股票，最終市場發生了反轉，原先的交易行情變得對他們不利了，這時，他們只能繼續持倉，希望市場能出現轉機，到頭來，一檔本可以使他們盈利的股票卻讓他們賠了錢。光是一個人操作就已經不容易了，讓兩個人保持一致並在股市中共同操作只會使難度翻倍。

兩人合作要想取得成功只有一個辦法，那就是讓一個人負責買進和賣空，而另一個人專門負責下停損單，其他什麼都別管。這樣一來，即使犯錯，停損單也可以對他們兩人都產生保護作用。此外，讓一個人和他的妻子開設聯名帳戶也不是什麼好主意。出入市的行動應由一個人來決定，這個人必須學習在股市中如何行動，尤其是如何迅速地行動，而且在操作中不受合夥人的影響。

投資人心理探祕

普通投資者通常不願聽到讓他們感到痛苦的事實，他們想看到的是那些能迎合他們希望的東西。當他們買入一檔股票後，就相信所有的消息、傳聞、評論和謊言都在支撐股票上漲，但如果給他看對這檔股票不利的報告，或是有人告訴他關於這檔股票的不利消息，他就會充耳不聞，視而不

見。但是良藥苦口，只有事實才能幫助他，他也必須相信事實，而不是那些可以為他構築希望，卻在最後帶來損失的東西。一個投資人在犯了一次錯誤後往往都會說：「下次我不會再犯同樣的錯誤了。」但他最終總是重蹈覆轍，這就是為什麼我們經常在華爾街看到菜鳥們跟著老投資人學習，結果卻一再犯人們曾經犯過的錯誤的原因——在華爾街，人們很少談論自己在股市賠錢的實情。無論是大戶還是散戶，總喜歡將自己賺錢的經歷掛在嘴邊，誇大他們的成功交易，而對如何損失賠錢則閉口不談。因此，當無知的菜鳥初入華爾街時，總被迷惑得以為這裡遍地黃金，俯拾可得，卻從不曾聽到故事的另一面，但恰恰是這些在華爾街如何蒙受損失的賠錢經驗，才能真正幫助初入市的新手，防止他們犯下同樣的錯誤。

我要提醒隨眾入市的菜鳥們，在華爾街，90%以上的炒股失敗都是因沒有設置停損單和過度交易引起的。因此，要想在股市中賺錢，就必須按照一定的規則行事，這有助於戰勝人性自身的弱點，而正是這些弱點導致了股市中無數人的破產。

戰勝自我

很多投資人賺錢時都感到喜不自勝，他們會認為自己擁有高超的判斷力，而且很有本事。而當他們賠錢的時候，態度可就完全不一樣了：他會找藉口，安慰自己說其實本可以賺錢的，賠錢是因為發生了意外，再或

> 要知道你打撲克牌時，總有一個人會倒楣，如果你看看四周看不出誰要倒楣了，那就是你自己了。
>
> ★ 巴菲特

是因為輕信了別人的建議，他們不停地怨這個，怨那個，找出各種「如果」、「而且」、「但是」來為自己開脫，但就是不會從自己身上找原因，總之就不是自己的錯，而這正是他們一次次重蹈覆轍的原因。

投資也好，投機也好，你都要做到戰勝自我。不管怎樣，你的損失都是你自己造成的，是你在進行買賣而不是別人，所以，要從自己身上尋找造成虧損的原因，只有這樣，你才能真正克服自身的弱點，取得成功。

造成投機者賠錢的原因有很多，而其中一個主要原因就是，他們從不自己思考，而是讓別人替他們思考，或者聽從於別人的建議，而實際上，這些人的建議或判斷並不比他們自己的高明多少。要想在股市中取得成功，就必須親自進行調查和研究。只有你從一個菜鳥變成了一名獨立思考者，並不斷豐富自己的知識，才不會犯其他菜鳥犯過的錯誤——在不斷催繳保證金的聲音中走向屠場割肉出局。只有在你懂得獨立、懂得幫助自己的時候，別人才能幫助你，或是告訴你如何幫助自己。

沒錯，我可以教給你這世上最好的選股規則以及研判股票位置的最佳方法，但你還是會因為人性固有的弱點（當然也就是你最大的弱點），而輸掉帳戶上的錢。你可能違背了規則，可能不是在客觀事實的基礎上作出判斷，而只是憑希望和恐懼交易股票；你也可能猶豫不決，可能失去耐心，可能倉促行動，可能延誤時機。是你自身的人性弱點導致了失敗，但你卻將責任推給市場。永遠記住，賠錢是你自己的過錯，不要將這一切怪到市場行為或市場操縱者頭上，只有努力遵守規則，才能避免那些註定要失敗的投機行為。

我們不必屠殺飛龍，只需躲避牠們就可以做的很好。

★ 巴菲特

第三章

挑選有獨立行情個股的訣竅

當某些股票創新低時，另一些卻在創出新高，它們開始走出獨立於平均指數和板塊指數的行情。如果你想可以在這些獨立行情開始時就將其辨認出來，可以去研究過去幾年來走勢圖的波動情況。

例如城市服務公司（Cities Service），1938年時，它的最高價是11美元，1939年時，最低價是4美元，1942年時的最低價是2美元，最高價是3.5美元。這檔股票曾在11美元～2美元之間運行了四年，而且在1942年，它形成了僅為1.5美元的價格區間，這表明這檔股票的拋壓已很小，只有內部人士才願意買進，這時，你可以抓住機會建倉，因為即使這檔股票被摘牌（go off the board），你每股也只會損失2～3美元。但前提是你要知道在什麼時候買進，什麼時候它是安全的，以及什麼時候它表現出了一種確定的上升趨勢。1943年，這檔股票突破了1938年的最高價——11美元，這預示會出現更高的價格，你應該在此時立即買入，它的高低點都在持續走高，說明主要趨勢必然向上。

1948年6月，這檔股票的最高價是64.5美元，截至此時，從它表現出上升趨勢後已上漲了53點。當你在11美元買入後，只需設置一份3點的停損單就能高枕無憂，而且你無需加碼，就能有四、五次機會讓資金翻倍。

1949年，這檔股票的最高價達到48美元；1949年的最低價為38美元，仍處於1948年的價位之上。因為公司的盈利狀況優良，所以只要這檔股票可以在38美元之上的價位穩定住，就仍然能持續攀升。

買入一檔股票而做空另一檔

我曾經在第一章第三節的內容中講過，在同一時刻，一些股票上漲，而另一些卻在下跌。大多數時候，你可以在高位賣出一檔股票，並在低位買進另一檔，而最終這些股票的價格會逐漸靠攏，這樣你就可以兩頭賺。

美國無線電和百事可樂

1947年8月，百事可樂（Pepsi）的股價為每股34.5美元，它的售價曾經達到過40美元，然後高點不斷下移，根據所有的規則判定，它的趨勢已經向下。假設你以32美元的價格賣空了100股百事可樂，與此同時，美國無線電（Radio）達到了8美元一股，發出了在低價區獲得良好支撐的信號。你以8美元的價格買進100股美國無線電，並在7美元處設置停損單，而在對百事可樂的賣空中，你可以在35美元處設置停損單，如果兩個停損單都成交了，那麼加上佣金，你所有損失也就是400美元。而實際上它們沒有成交，百事可樂繼續下跌，而美國無線電繼續上漲。

> 市場就像上帝一樣，幫助那些自己幫助自己的人，但與上帝不一樣的地方是，他不會原諒那些不知道自己在做什麼的人。
>
> ★ 巴菲特

1947年，美國無線電的最低價是7.5美元，運用我提出的100％上漲規則，我們預測美國無線電在15美元處會達到一個頂部。1948年6月，美國無線電果然上漲到15美元，但由於拋壓沉重，未能突破這個阻力位，但是此時，你有充足的時間在15美元附近獲利了結。

　　1948年，百事可樂的股價跌到了20美元以下，也就是從前一個最高價40.5美元下跌了50％。既然百事可樂已經跌破了這個重要的支撐位，你就可以繼續做空，並將停損單的委託價下調至21美元。1948年12月，百事可樂的最低價降到7.5美元，跌到了它在1939年獲得支撐的低價區，是時候在8美元回補百事可樂空頭倉位了，這樣做可以使你在百事可樂上獲利24點，並在無線電上獲利大約7點。事實上，百事可樂沒有跌到7美元，而是反彈到12美元。而如果之前你在8美元的低價位買入百事可樂，並在7美元處下停損單，這個停損單也不會成交。

買入美國無線電的最佳時機

　　下面我們來看一下近幾年來股市走勢圖上的最高點和最低點。1945年，美國無線電的最高價是19.625美元；1947年，其最低價是7.5美元，1948年，其最高價是15美元。7.5美元和15美元間50％的點位，即一半是11.25美元。上一個極限最高價是19.625美元，從這個高點下跌50％是每股9.81美元，即每股接近10美元。

　　必須有工作激情但又沒有貪念，並且對投資的過程入迷的人才適合做這個工作。利慾薰心會毀了自己。

★ 巴菲特

1949年6月14日，美國無線電跌至9.75美元，而到了6月29日仍處於9.625美元的低價，對於你來說，這絕對是一個機會，你可以在此時買進你本想在每股10美元建倉的股票，然後將停損單設在8.5美元。而你接下來要關注它什麼時候會表現出強勁的上升趨勢。當它穿過11.25美元的價位，並在這個價格之上出現轉折點時，它就可以繼續走高。下一個目標位是1949年的最高點15美元，和1945年的最高點19.625美元。如果美國無線電突破20美元，那麼它就處於極強勢，這意味著它會創出非常高的價格。我很看好美國無線電的未來，它前途無限，今後很可能成為真正的領漲股。

第四章

高價與低價間的百分比

　　我可以毫不誇張地說，發現如何計算平均指數和個股的頂部價位和底部價位之間的百分比，是我迄今為止最偉大的發現之一，這是因為，極限最高價位和最低價位的百分比，可以預測出未來的阻力位在哪裡。

　　每個底部價格都與某個未來的高價之間存在著一種關係，而且最低價的百分比預測著在什麼價位會出現下一個頂部價，在這個頂部價位，你可以冒很小的風險賣出股票的多頭倉位並做空。

　　不論是極限最高價或是任何小頭部（Minor Top）都與未來的底部或最低價位有關，頂部區域價格的百分比可以告訴我們將來最低價會出現在哪裡，還有那些你可以冒很小的風險買入股票的阻力位會出現在哪裡。

　　最重要的阻力位是任何頂部價位或底部價位的50％，次之重要的阻力位是平均指數或個股最低價的100％，此外，200％、300％、400％、500％、600％或更高的百分比也應納入考慮之中，具體選用哪個百分比取

> 體質好的股票其價格越低，我越會大筆買進。
>
> ★ 巴菲特

決於從最高價或最低價開始的價格和時間週期。第三個重要的阻力位是最高價和最低價的25％，第四個重要的阻力值是極限最低價和極限最高價的12.5％，第五個重要的阻力位是極限最高價的6.25％，且僅限於平均指數或個股在非常高的價位交易時使用，第六個重要的阻力價位是33.33％和66.67％，這兩個百分比是僅次於25％和50％之後應該重點關注的。

如果想判斷出那些重要的阻力位會出現在哪裡，你就應該準備好一張有平均指數或你正在交易的個股的百分比表。

1896年8月9日，12種工業股平均指數的最低點是28.50點，這是一個極限最低價，因此基於這個價格的百分比十分重要。

1896年8月8日，最低點28.50點		1921年8月24日，最低點64.00點	
上漲	50%=42.75點	上漲	25%=80.00點
	100%=57.00		50%=96.00
	200%=85.50		75%=112.00
	300%=114.00		100%=128.00
	400%=142.50		125%=144.00
	450%=156.75		150%=160.00
	500%=171.00		175%=176.00
	550%=185.50		200%=192.00
	575%=192.75		225%=208.00
	600%=199.50		250%=224.00
	700%=228.00		275%=240.00
	800%=256.50		300%=256.00
	900%=285.00		350%=288.00
	1000%=313.50		400%=320.00

1100%=342.00   450%=352.00

1200%=370.50   500%=384.00

1250%=384.75

　　1932年7月8日，30種工業股票平均指數的最低點是40.56點，基於這個價格的百分比見下表：

1932年7月8日，最低點40.56點　　　　1933年7月18日，最低點84.45點

　　上漲　　25%=50.70點　　　　　　　　上漲　　100%=168.90點

　　　　　　50%=60.84　　　　　　1933年10月21日，最低點82.20點

　　　　　　75%=70.98　　　　　　　　　上漲　　100%=164.40點

　　　　　　100%=81.12　　　　　1934年7月26日，最低點84.58點

　　　　　　150%=101.40　　　　　　　　上漲　　100%=169.16點

　　　　　　175%=111.54　　　　　1938年3月31日，最低點97.50點

　　　　　　200%=121.68　　　　　　　　上漲　　100%=195.00點

　　　　　　225%=131.82　　　　　1942年4月28日，最低點92.69點

　　　　　　250%=141.96　　　　　　　　上漲　　12.5%=104.27點

　　　　　　275%=152.10　　　　　　　　　　　　25%=115.86

　　　　　　300%-162.24　　　　　　　　　　　　37.5%=127.44

　　　　　　325%=172.38　　　　　　　　　　　　50%=139.00

　　　　　　350%=182.56　　　　　　　　　　　　62.5%=150.58

　　　　　　375%=192.66　　　　　　　　　　　　75%=162.16

　　　　　　400%=202.80　　　　　　　　　　　　100%=185.38

　　　　　　425%=212.94　　　　　　　　　　　　112.5%=196.96

　　　　　　　　　　　　　　　　　　　　　　　　125%=208.45

最高價的百分比

1919年11月3日，最高點119.62點

      上漲   100%=239.24點

              200%=358.86

              325%=508.385

1929年9月3日，最高點386.10點

      下跌   0%=193.05點

              75%=96.52

              87.5%=48.32

1930年4月16日，最高點296.35點

      下跌   50%=148.17點

              75%=74.08

              87.5%=37.04

1933年7月18日，最高點110.53點

      下跌   25%=82.90點

1937年3月8日，最高點195.50點

      下跌   50%=97.75點

1943年7月15日，最高點146.50點

      下跌   50%=73.25點

      上漲   25%=183.27

              50%=219.75

1946年5月29日，

上一個極限最高點213.36點

下跌   25%=160.02點

我們還可以計算出始於這些阻力位的其他百分比。

在50%以下價位賣出的股票

如果一檔股票跌破了高頂和深底間的50％，即一半的位置，就必須引起我們的注意。若是在這個位置上它沒能獲得支撐並站穩，就代表著它的走勢很弱，甚至會跌到高頂和深底間75％或更低的位置。

第一條規則：不要虧損；第二條規則：永遠不要忘記第一條。

★ 巴菲特

最高價的50％是個更重要的位置，如果一檔股票跌破這個位置，就意味著它的走勢很弱，之所以這樣說是因為，如果它要獲得支撐並上漲，那麼它就會在從最高點下跌50％的時候站穩。記住，除非你看到了止跌的跡象，否則不要買跌破這個位置的股票。

經由市場證實的交易規則

上文中，我們已經計算了極限最高價和極限最低價的各種百分比，現在，要來計算一下極限最高價和極限最低價間的50％，即中點的價格點位。

例如：

1896年的最低點是28.50點，到1919年的最高點119.62點的50％，即中點點位是74.06點；1896年的最低點是28.50點，到1929年的極限最高點380.10點的50％，即中點點位是207.28點；1921年的最低點是64點，到同年最高點386點的50％，即中點點位是225.00點；1930年的最高點是296.25點，到最低點64點的50％，即中點點位是180.12點，最低點28.50點至最高點296.25點的50％，即中點是162.37點。1937年的最高點是195.50點，到最低點28.50點的50％，即中點點位是112點；1937年的最高點是195.50點，到1938年的最低點97.50點的50％，即中點點位是146.50點；1932年的最低點是40.56點，到1946年的最高點213.36點的50％，即中點點位是126.96點；1942年的最低點是92.69點，到1946年的最高點213.36點的50％，即中點點位是153.02點。

所有這些阻力位的資料計算結束之後，我們來驗證它們在估算頂部和底部時所起的作用。截至1919年，道瓊工業平均指數的極限最高價為

119.62點。1921年後，指數從底部的64點開始上漲，我們可以看到從64點上漲87.5％是120.00點，這意味著過去的頂部以及這個阻力位十分重要。當指數穿越這個大頂，我們就要在64點的百分比表中查找還有可能會成為頂部的那些阻力位。我們看到指數上漲500％是384.00點。1929年9月3日，平均指數在386.10點達到一個大頂，查看一下最低點28.50點的百分比表，我們會發現指數上漲1250％時是384.75點，接下來根據過去的最高點119.62點計算重要的百分比時，我們發現從119.62點上漲225％是388.50點，這意味著指數在384.00點、384.75點和388.50點有三個阻力位。平均指數曾達到386.10點的極限最高價，但最高收盤價是381.10點，3日圖和9點擺動圖都說明市場在這些重要的阻力位形成了頭部。

在指數到達極限最高點之後，接下來要做的就是計算重要的支撐位和買點會出現在哪裡。運用規則3可知最高價的50％這個位置非常重要，386.10點的50％為193.00點，也就是說這是一個支撐位和買點。指數從1929年9月的最高點開始了有史以來速度最快的下跌，至11月13日到達最低點195.35點，正好在前面計算出的支撐位上方的2.5點處獲得支撐，並在此形成買點。由於市場沒有正好跌到50％的位置，所以它仍處於強勢。接著，我們再次運用同樣的規則在最低點195.35點上加上50％，就得到293.02點，這可能是個反彈的目標位和賣點。

1930年4月16日，最高點為297.25點，僅比293.02點這個重要的阻力位高出4點多一點，市場沒有穿越5點以上，根據規則2，市場必須在阻力位之上5點，或在以往一個底部或阻力位之下5點，才能算得上是有明確的轉勢

華爾街靠的是不斷的交易來賺錢，你靠的是不去做買進賣出而賺錢。

★ 巴菲特

跡象。

　　根據3日圖和9點擺動圖，在這個頭部形成，而且趨勢轉而向下之後，我們接下來就要計算出最低點195.35點和最高點297.25點間的50%即中點的位置，得出結果是246.30點。如果市場跌破這個位置，接下去就可能跌得更低。你會注意到上一次反彈在1930年9月10日創出最高點247.21點，剛好在這個50%即中點的位置之上，之後，11月13日的最低點195.35點也失守了，而且指數還跌穿了193點，也就是386.10點的一半，這說明市場處於弱勢，還會繼續走低。此後，市場持續下跌，偶爾有幾次正常的反彈，指數最終在1932年7月8日到達40.56點這一極限最低點。如果我們將386.10點減去其87.5%，那就是48.26點，然後看一下從極限最低點28.50點開始上漲的百分比表，就會發現上漲50%時的42.75點是一個阻力位。如果我們將1921年的最低點64.00點減去其37.5%，就會得到40.00點這樣一個支撐位。回顧1897年4月8日的最高點40.37點，在3日圖上指數在1897年6月4日突破該點，這使大勢反轉向上，平均指數直到在1932年7月8日的40.56點築底以前，從未跌到過這個位置。

　　從40.56的極限最低點開始，我們要計算出第一阻力位在什麼位置上：我們在40.56上加上其100%，就得到了81.12點。

　　1932年9月8日，平均指數反彈至81.50點，正好在50%這個重要的位置處做頭。

　　1933年2月27日，最低點49.68點，這是第二次下跌的最低點。在百分比表中你會看到，從40.56點上漲25%是50.70點，這是一個十分重要的支撐位，平均指數正好在這個位置下方1點處築底，隨後，市場重新恢復上揚。

　　1933年7月18日，最高點110.53點。平均指數在這個位置做頭的理由是什麼？因為從40.56點上漲175%是111.54點，這是個很重要的阻力位，而

從最低點64.00點上漲75％是112.00點，在這個位置上成交量大幅增加，這足以證明它是個重要的阻力位和賣點。而且時間週期也顯示市場將見頂回檔，因為此時距1932年7月的最低點已經隔了一年的時間。

同樣的規則也可以被應用於110.53點的最高點上，將這個頂點數值減去25％，就得到了82.90點這個支撐位和買點。見頂後的三天是歷史上市場下跌最迅速的時期之一，平均指數在7月21日創下最低點84.45點，正好在這個重要的支撐位之上。然後，一波反彈隨即出現，如果你在這個時候買入股票，就可以在平均指數反彈至107.00點的時候賣出了。

1933年10月21日，最後一個極限最低點是82.20點，比支撐位82.90點低將近1點，截至1949年6月30日我撰寫本書至此，這是平均指數最後一次出現在這樣低的位置上。將82.20點加上100％，就得到了164.40點這個重要的阻力位。

1934年7月26日，最低點84.58點。市場第三次運行到這個低位附近，這預示著一輪大牛市即將到來，因為指數收在了從最低點40.56點上漲100％的位置上方。大牛市如期而至，指數持續上揚，直到突破1933年7月的最高點110.53點。大概市場突破這個位置後，我們接下來要做的就是算出平均指數下一步將運行到什麼位置。我們知道，386.10點的50％是193.05點，1929年11月的底是195.35點，1931年2月24日平均指數在196.96點處見頂，由此可見，合理的阻力位和賣點可能出現在193點～195點之間。

1937年3月8日，最高點195.50點，正好處在以往的頂和底的50％的位置，透過3日圖和9點擺動圖也可以判定這是最後的高點。接下來，我們希望能計算出下一輪下跌的合理位置：運用相同的規則，將195.50點減去其50％得到97.75點，便得到了一個支撐位和買點。

1938年3月31日，平均指數創下97.50點的最低點。隨後，另一輪牛市

上演了。

1938年11月10日，最高點158.75點，相對之前一個最低點上漲了62.5%。從這個位置開始，大勢調頭向下，平均指數跌破了50%這個關鍵位置，而且持續下跌，在主要的波動中，指數的高低點不斷下移，最終又回到了110點以下，並跌破了97.50點。

1942年4月28日，最低點到達92.69點，比1938年的最低點還低3點，但這裡卻是個好的買點，因為這裡是三重底，我們可以透過3日圖和9點擺動圖確定這一點。這是一輪大牛市即將上演前購買股票的絕佳時機。我們可以經由這個最低位置計算出92.69點的各個百分比：上漲50%為139.00點，上漲12.5%為104.27點，即第一個重要的阻力位。

1942年8月7日，前一個極限最低點是104.58點，指數正好處在104.27點這個重要的支撐位之上，從213.33點～104.27點的50%是158.80點。

接下來我們要計算出平均指數反彈的重要阻力位。92.69點～195.50點的50%是144.09點，1937年的最高點195.50點至1938年的最低點97.50點的50%為146.50點。

1943年7月15日，最高點146.50正好處在這些讓指數見頂回落的重要阻力位上，結束於7月結束的時間週期也說明市場見頂，隨後的一輪調整與1933年7月時的情形如出一轍。雖然平均指數回落了，但還不至於跌到足以顯露出大勢轉身向下的地步。請注意，從92.69點上漲37.5%是127.44點，這個位置從未跌破過。1943年11月30日，平均指數到達最後一個底128.94點，隨後，當指數開始上漲並向上穿越146.50點，也就是前一個頂部和重要的阻力位時，它預示著下一個阻力位就是1938年11月10日創下的158.75點的頂部。如果平均指數突破了這個阻力位，那就等於說它下一個重要點位就是上漲50%時的193.00點～195.00點。

1945年8月，當第二次世界大戰結束時，平均指數已經在7月27日創下最低點159.95點；當指數穿越了以往的頂部，就說明它即將大漲。果不其然，市場持續上揚，平均指數最終突破了195.50點，且後市向好。第一個重要的百分比阻力位為207.50點，即28.50點～386.10點間的50％。1946年2月4日，平均指數在207.50點做頭，並在2月26日迅速回檔至184.04，隨後又穿越了208.00點。下一個最重要的阻力位是極限最高點386.10點至極限最低點40.56點間的50％，即213.33點，而平均指數在1946年5月29日見頂213.36點，正好是這個重要的50％位置。此外，還要注意，從40.56點上漲425％是212.94點，說明這裡是個雙重重要的阻力位。

將最高點213.36點減去其25％，我們就得到了第一個阻力位和買點，即160.03點。

1946年10月30日的極限最低點為160.49點；1947年5月19日的最低點為161.32點；1949年6月14日的最低點為160.62點，市場三次在這個重要的支撐位築底，而且指數均站在了159.95點的上方，這是1945年7月27日的最後一個底位。

從這三個強支撐位，平均指數在1948年2月11日構築了一個更高的底部，並上漲到1948年6月14日的194.94點。這又一次回到了過去50％的賣出位，之所以這樣說是因為過去這個位置作為頂部與底部已出現了多次，這個賣出位可以從3日圖和9點擺動圖中得到確認。

當人們忘記「二加二等於四」這種最基本的常識時，就該是脫手離場的時候了。

★ 巴菲特

道瓊工業平均指數的當前位置

平均指數第三次在213.46點下跌25％的位置獲得支撐，而且曾在1945年7月27日見底159.95點。如果平均指數跌破這些價位並收在其下，那麼就可能跌至40.56點上漲275％的價位，即152.00點，而下一個支撐位會是146.50點，這是以前的頂部以及重要的50％點位置。

1942年，最低點為92.69點，1946年，最高點為213.36點，其50％即中點的位置是153.02點。

截至本書寫至這裡時，即1949年7月19日，平均指數已經穿越了175點，直指177.5點。這將是一個阻力位，因為它是160.49點～194.49點的50％，所以，從大約177.5點起，平均指數可能會有一輪回檔，但是幅度不大。而一旦平均指數穿越182.5點，即1949年1月7日的最高點，市場還將迎來大幅上漲。

當平均指數到達重要的阻力位，或上漲至以前的頂部，或下跌至以前的底部時，你就應當運用我給出的所有規則對自己所交易的個股的位置加以研究。

讓市場資料自己說話

研究股票市場時，既不能先入為主，也不能憑希望或恐懼進行交易。要記得研究三種重要的因素：時間、價格與成交量，同時不要忘記研究我所說的那些規則並在實踐中靈活運用。當規則顯示市場正在發生轉勢時，你要記得靈活應對，要讓市場的活動資料自己說話，並只按根據規則得出的確定結論進行股票交易，只有這樣你才能獲利。

第五章

短期價格調整的時間週期

　　當指數出現暴漲或暴跌的時候，你常常會聽到人們說市場該進行調整了。這種情況若是在上升的市場中出現，就說明市場已經超買，空頭倉位已經回補，而且市場的技術處境已被削弱，因此，必須要進行新一輪的價格調整。這種調整可能歷時很短，但卻迅速而劇烈，而股價的急速下跌會使投資人感到恐慌，從而失去信心，認為市場會跌得更低，但事實上此時短時間內的小幅直降已經修正了市場的技術面，它反而會由弱轉強。

　　反之亦然。當市場已經下跌了一段時間後，因為市場中的空頭倉位積聚過多，所以多頭已在這個技術上處於弱勢的市場中完全消失，然後由於空頭回補，市場在短時間內急速反彈，這讓一些買方產生了盲目的自信，結果正好買在反彈的頂部。他們判斷漲勢還將繼續，可此時市場的技術處境已遭削弱，而且這場急速反彈已經變得對空方有利，最終大勢繼續向下。

　　要想不在市場的趨勢判斷上犯錯，就必須時刻牢記要按所有的規則行事。要記住，當你真的犯了錯誤，或是發覺自己錯了時，立即離場才是上上之選，當然，最好還是在進行交易時設置停損單來保護你的資金。在市場的上升過程中，要時刻銘記曾出現過的最長的下跌時間週期，或最長的

調整週期；而當市場下跌時，則要牢記熊市中出現過的最長的反彈時間週期。這些時間週期可以幫助你研判市場的趨勢，而這正是我要回顧這些市場變化，並指出那些導致陡直而迅速的反彈和下跌，以及使市場運動趨勢終止的時間週期的原因。所有我在前面概括過的主要趨勢還在繼續，而接下來要提到的這些價格都是道瓊工業平均指數。

1914年7月30日，由於第一次世界大戰爆發加上拋壓沉重，紐約證券交易所曾經停盤閉市，直到1914年12月12日才恢復交易，而當時巨大的套現盤一度使指數跌到了許多年中的最低位。

1914年12月24日，最低點為53.17點。從這個最低位開始，股市持續上揚，原因是當時正處於戰中，我們接到了大量訂單，上市公司因而大發橫財。直至1918年11月11日第一次世界大戰結束，這輪牛市仍持續了大約一年的時間。

1919年11月3日，道瓊工業平均指數達到了最高點119.62點，這是當時的歷史最高點，即從53.17點開始，上漲了66.45點。正因如此，當1919年11月3日以後，尤其是市場在已經持續上漲了5年時間之後，出現了陡直而快速的下跌時，你就應當知道這可能是市場到達最後的頂部，反轉向下的信號。股市持續下跌，一直跌到了1921年8月24日63.90點的最低點，整輪下跌行情共持續了近22個月，期間偶爾出現過幾次正常的反彈。從1921年的這個最低點開始，大勢調頭向上，直至1923年3月20日的最高點105.50點，共上漲了19個月。然後又從這個最高位開始，出現了一輪下跌行情，直到跌至1923年10月27日的最低點85.50點，也就是從3月～10月這七個月的時

投資並非一個智商為160的人，就一定能擊敗智商為130的人的遊戲。

★ 巴菲特

間裡下跌了20點。這種下跌很正常也很自然，你常常會在9點擺動圖上看到20、30、40等點數的漲跌，不過，20點是正常市場中一種常見的變動幅度，因此，這是在所有的走勢圖上，特別是3日圖上需要檢查的地方，要在這個位置上注意觀察趨勢的變化。注意第一次陡直而快速的下跌，這僅是做了一次調整，它預示著趨勢還會繼續向上。

1924年2月6日，最高點101.50點。市場從前一個最低點上漲了16點，但還沒有穿越1923年3月20日的頂部，這預示著市場還要創新高。

5月14日，最低點88.75點，比1923年10月27日的最低點85.50點高出3點以上，這表明市場獲得了更好的支撐，可以看高一線。這次下跌共持續了69天，而由規則8我們可知，市場變動的週期常常介於60～72天之間。

1925年3月6日，最高點123.50點，超過1919年的最高點119.62點近4點。根據我為大家提供的規則可知，價格必須超過前一個最高點5點或5點以上，才是市場將繼續向上的確切信號，然而，這仍然是股價將繼續走高的第一跡象。但是，調整接著就會出現，因為市場從前一個最低點85.50點開始大盤就一直在上漲。

1925年3月30日，最低點115.00點，指數下跌了8.5點，而不是10點，所以，這次調整是正常的，市場仍處於強勢之中。更何況，平均指數沒有跌到1919年的最高點119.62點以下5點的位置，說明市場還會繼續上揚，這個僅持續了24天的調整，充其量只是牛市中的一次小小回檔而已。

1926年2月11日，最高點162.50點，從前一個最低點115.00點上漲了47.50點。時間跨度是355天，市場是時候進行調整了。

複利有點像從山上往下滾雪球。最開始時雪球很小，但是往下滾的時間足夠長，而且黏的足夠緊，最後雪球會很大很大。

★ 巴菲特

1926年3月30日，最低點135.25點，歷時17天，指數下跌了37.25點。這次下跌的速度遠遠超過每日1點的幅度，這在牛市中屬於合理調整，趨勢將繼續向上。

1927年10月3日，最高點199.78點，在186天內指數上漲了60.25點。平均指數正好位於200點下方，由規則3可知，在100點、200點、300點以及其他所有的整數關口，總會存在著大量的拋壓和某種阻力。這預示著市場將會出現一次調整，而實際上，這次調整的確即將到來。

1927年10月22日，最低點179.78點，在119天中指數下跌了20點。這是一次調整，隨後就是新的一輪漲勢，很快指數又穿越了200點，這顯示指數將要創新高，因為市場已經進入了新的高價區。

1928年11月28日，最高點299.35點，在403天中指數上漲了119.50點，剛好處在300.00點這個阻力位之下，這時市場應當出現一次調整，特別是指數從前一個底部已經上漲了1年多的時間了。

1928年12月10日，最低點254.50點，在12天內指數下跌了44點。自1921年8月的大牛市開始以來，這是所有調整中最為急劇的一次。實際上，指數並未在這次陡直而迅速的下跌之後走低，而是開始構築一個更高的底部，這表明調整階段已經結束，股指將會繼續上揚。

1929年3月1日，最高點324.50點，在81天內指數上漲了70點。這個指數接近325點；這是一個存在拋壓的整數關口位置，於是，一次新的調整又出現了。

1929年3月26日，最低點281點，在25天內指數下跌了43.5點。請注

> 如果你發現了一個你明瞭的局勢，其中各種關係你都一清二楚，那你就行動，不管這種行動是符合常規，還是反常的，也不管別人是贊成還是反對。
>
> ★ 巴菲特

意，這次下跌的幅度與1928年11月28日～1928年12月10日出現的那次下跌幾乎相同。市場以同樣幅度的下跌在這些位置上獲得了支撐，此後又將開始新一輪的升勢。

1929年5月6日，最高點331點，在41天內指數上揚了50點，市場已經創出新高，這意味著調整過後，市場指數還會走得更高。

5月31日，最低點291點，在25天內指數下跌了41點，這次下跌所用的週期與前一次下跌相同，但市場構築的底部比前一個底部高出10點，這說明市場獲得的支持更強而且大勢仍然向上，所以它會繼續上揚。

1929年9月3日，最高點386.10點，在95天內指數上漲95點。按照我們的規則，快速上揚的市場會每天上漲1點左右，而事實證明，這是本輪大牛市中的最後一個最高點。與這場大牛市相伴而來的是因巨大的買盤所帶來的歷史上最大的成交量，實際上，世界各地都出現了大得離譜的巨大買盤；除了1921年8月市場剛開始上漲的一小段時間內還屬正常外，從1921年8月～1929年9月這八年多的時間裡市場從64點上揚到386.10點，這就不正常了。這時本該觀察到牛市尾聲信號，信號也終於出現了，可它出現得太過突然，讓人措手不及。這裡可以研究一下3日圖，在圖中找到第一次信號出現的位置。投資者持倉過重，幾乎所有的做空盤都被回補，所以當大家紛紛開始拋售時，就沒有了買家，因此一場大面積的崩盤就無可避免地發生了。

1929年11月13日，最低點195.50點，在71天內指數下跌了190.60點，創造了有史以來在最短時間內出現的最大跌幅。這是在短時間裡從超買市場開始的調整，按照規則，隨後出現了一場發生在第一次驟降後的反彈。這種次級反彈（Secondary Rally）總是在市場持久的上漲和驟降之後出現，所以，在熊市裡，驟降之後首先會出現一次迅猛的反彈，然後是一波

次級下跌，形成最後的底部，隨後大勢反轉向上。

1929年12月39日，最高點267點，在27天內上指數漲了71.5點。這是一場因空頭回補導致的上漲，是一次在超賣條件下的驟升，所以必會出現一次正常的快速回檔。

1929年12月20日，最低點227點，在11天內指數下跌40點。這次下跌速度太快，所以一定有反彈。

1930年4月16日，最高點297.5點，指數在154天裡從11月13日的最低點處上漲了102點，這是大熊市中，總是出現於大漲勢之後的次級反彈。注意第一個驟降的信號，它代表反彈結束，可以開始做空了。看看3日圖，你就會注意到它是如何給出反彈結束的信號。指數繼續下跌，一直跌至1930年10月22日的最低點181.50點，在188日內下跌了116.5點，期間僅出現了幾次很小的反彈。就像現在這種情況一樣，指數跌破1929年11月13日的最低點就說明熊市仍在繼續，而當市場超賣後，必然會出現陡直而快速的反彈。

1930年10月28日，最高點198.50點，指數在16天內上漲了17點。按照我們的規則我們知道，正常的反彈會運行20點左右。照此來說，指數未能在16天內上漲20點說明市場仍處於弱勢，還會繼續走低，而事實也果然如此。

1930年11月11日，最低點168.50點，在13天內指數下跌30點，這是一次非常快速的下跌。正是因為股價走低，套現壓力增大，所以，在所有的驟跌之後，一定會出現短時而快速的反彈。

1930年11月25日，最高點191.50點，在15天內指數上漲33點。這次反

就算聯準會主席葛林斯潘偷偷告訴我他未來二年的貨幣政策，我也不會改變我的任何一個作為。

★ 巴菲特

彈陡直而且快速，而且股價上漲得極快，但它並沒有達到1929年11月11日的最低點195.50點，這說明市場很弱，指數還會走低。此外，反彈後的指數仍然低於1930年10月28日的最高點198.50點，說明大勢仍然向下，而這次反彈在熊市中只是曇花一現。

長期下跌後的套現盤以及熊市中的急速反彈

1930年12月2日，最高點為187.50點，市場從這個較低的頂部開始了下跌。在這最後一波的套現盤中，因為大家持倉以盼的牛市沒有出現，所以跌勢分外慘烈。

12月17日，最低點154.50點，15天內指數下跌了33點。這次下跌幾乎是日跌2點，比正常的下跌快得多，因此，在過去的支撐位以及150點以上，會出現一個支撐點，隨後還將出現一波反彈。

1931年2月24日，最高點196.75點。注意，這點位接近1929年11月13日的底部，而且低於1930年10月28日的最高點。藉由我們的規則：頂部會變成底部，底部會變成頂部，以及當市場到達以往的這些位置時會出現買賣點，我們知道，這裡會形成正常的阻力位和賣出點。從1930年12月17日～1931年2月24日時間跨度是69天，與1929年12月3日～11月13日歷時71天的下跌相比，這個跨度驗證了規則8，即67天～72天的時間週期。在1931年2月24日的這個頂部，指數從1930年12月17日的最低點上漲了42.25點。

很多事情做起來都會有利可圖，但是，你必須堅持只做那些自己能力範圍內的事情，我們沒有任何辦法擊倒泰森。

★ 巴菲特

這場熊市中的快速反彈很快就消失了。看一下3日圖，你可以看到它是如何給出指數走低的信號的，是自1929年以來市場振盪的高低點依次下移造成了指數的不斷下跌。每個頂部都比前一個低一些，而底部則走得更低，所以，大勢仍然向下。

1931年6月2日，最低點119.60點，市場跌到了1919年的最高點。由規則可知，因為過去的底部變成了現在的頂部，而過去的頂部變成了現在如今的底部，所以反彈定會出現。由於指數已經從1931年2月24日的最高點下跌了77.25點，用時98天，所以，我們可以期待在這個位置上出現一次反彈行情。

1931年6月27日，最高點157.50點，指數在25天內上漲了37.90點。這個價位只比1930年12月17日的底部高出3點，而規則裡說的是5點，所以，這是一個賣點，特別是這次上漲的時間很短，我們更該採用賣空操作。

1931年10月5日，最低點85.5點，在100天內指數下跌了72點，與上一次下跌所持續的時間幾乎相同。

1931年11月9日，最高點119.50點。這相當於回到了1931年6月2日的最低點，以及1919年的頂部，於是這裡便形成了一個賣點。這次反彈歷時35天，上升幅度是34點。根據規則12，一次快速的反彈大約是每天上漲1點。因此，你應當趁反彈再次做空，查看一下3日圖，你就會發現趨勢再次調頭向下的信號。

1932年2月10日，最低點70點。這次快速下跌的時間跨度是92天，指數下跌了49.5點。

1932年2月19日，最高點89.5點，在9天內指數上漲了19.5點，比1931年10月5日的最低點高4點，因此是一個賣點。市場減緩漲速，並在這個價位附近遇阻，透過3日圖可知，市場已經見頂，要開始新一輪下跌了。

大熊市中最後的套現

1932年3月9日，最高點89.5點，與2月19日的價位相同。這次最高點與前一個最高點相距18天，市場同樣在2月19日的最高點受阻說明指數將進一步下跌，除非平均指數能夠收在這些位置之上，但市場沒有做到。

1932年7月8日，最低點40.56點，在121天內指數下跌了49點。1932年3月9日～1932年7月8日，這段時間內最大的反彈是7.5點和8點，沒有達到10點，由我們的規則可知，這是規模最小的反彈。這些反彈的持續時間從未超過1、3、4和7天。上一個從6月9日的最低點44.5點至6月16日51.5點的7日反彈，只用了7天時間就上漲了7點。

自7月8日的最低點算起，第一個反彈維持了8天，指數上漲了5點，然後是一次歷時3天的調整，而市場僅下跌了2點的平均指數。從此，市場開始了一輪伴隨著3天和5天調整的迅速反彈，直到1932年9月8日的最高點81.50點，指數在62天的時間裡上漲了41點。就百分比上來說，這是一次平均指數上漲100％的上升行情，由規則8可知，這些次級下跌或上漲持續時間為60～67天。

從1930年4月16日的最高點開始，最長的反彈歷時69天。而大多數反彈用時是25、35和45天，這些是熊市中最高的反彈。

從1929年11月13日～1930年4月16日，歷時154天，指數上漲101.25點。

1932年9月8日，最高點81.5點，市場隨後出現了一輪陡直的調整。10月10日，最低點57.5點，在32天內指數下跌了24點。在經歷了這次調整性倒退之後，市場又進入了一輪中級級別的反彈行情。

9月8日最高點後的次級下跌

1933年2月27日，底為49.50點，在172天的時間裡指數下跌了32點，在時間週期上堪比1930年4月16日達到的那次歷時154天的次級下跌。這輪次級下跌後，羅斯福——這位美國歷史上唯一一位蟬聯四屆的總統宣誓就職，開始了他的首屆任期，並且關閉了所有的銀行。等到各銀行重新開業後，一切都開始上漲。後來我們啟動了金本位，這是具有通貨膨脹意義的政策，之後股價伴隨著巨大的成交量繼續上揚，這說明大勢向上，牛市開幕。在經歷了這些調整市場技術層面的次級下跌之後，與市場第一次反轉向上時從底部開始的第一次上揚相比，市場的上升速度往往更快，漲幅也通常更大。

1933年7月18日，最高點110.50點，在144天內指數從2月27日的最低點上漲了61點。這輪上升以放大了的成交量為基礎，市場開始超買。這時，穀物和其他商品的大戶，同時也是股票大多頭的克勞福博士（Dr. E. A. Crawford）宣告破產。克勞福博士敗落後，商品期貨市場的沉重拋壓引發了股市的套現狂潮，結果一場自1929年以來市場在短短3天時間裡最為猛烈的下跌爆發開來，同時這也是一輪短時間內的急劇調整。

7月21日，最低點84.45點。3天內價格指數下跌26.08點，但仍然維持在1932年9月8日的最高位之上，這說明市場的支撐良好，而且在這樣一輪由於沉重套現盤而引發的驟跌之後，市場必將形成一次反彈，這將成為一個好的買點。

> 如果你是池塘裡的一隻鴨子，由於暴雨的緣故水面上升，你開始在水的世界之中上浮。但此時你卻以為上浮的是你自己，而不是池塘。
>
> ★ 巴菲特

次級反彈

當市場見頂並有了第一次驟跌之後，總會出現一輪次級反彈把指數推上極限最高位附近，而如果反彈的高度大大低於第一個極限頂部，就說明市場的走勢已經非常弱。

1933年9月18日，最高點107.68點，62天內指數上漲了23.23點。這點位低於7月18日的最高點3點，而3日圖告訴我們趨勢很快就將反轉，大盤果然再次調頭向下。

1933年10月9日，最高點100.5點，10月21日最低點82.20點，12天內指數下跌了18.25點。這場短時間內的急劇下跌跌幅不到20點，說明市場的支撐良好。這裡是指數在1933年至1949年的上揚中，到達過的最低位，同時，它也是另一場牛市的開端。從1933年7月18日的最高點跌至10月21日最低點歷時95天，而透過規則8我們知道，上漲或下跌常常持續90～98天。

急劇調整

1934年4月20日，最高點107.50點。這比1933年和1934年的頂部要低。

1934年5月14日，最低點89.50點，指數下跌了18點，歷時24天。市場再次下跌的幅度與1933年10月21日的跌幅相當，沒有超過20點，這表明指數正在獲得有效支撐，並將開始走高。

要量力而行。你要發現你生活與投資的優勢所在。每當偶爾的機會降臨，即你的這種優勢有充分的把握，你就全力以赴，孤注一擲。

★ 巴菲特

最終底部來臨

1934年7月11日，最高點99.5點。

1934年7月26日，最低點84.5點，15天內指數下跌了15點。藉由規則12可知，一場急劇下跌的行情，通常每天下跌1點左右，由於指數低於每股100美元，因此可以判定這是一個正常的市場中出現的一次正常的下跌。從1933年7月18日的最高點開始，市場已下跌了一年多的時間，該開始轉勢了。看一下3日圖，你就會知道它是如何指明市場已經見底，而且突破了3日圖上的頂部之後，趨勢已經反轉向上的。實際上，上一個重要的頂部是7月11日的99.5點，而突破了100點往往就預示著指數將要繼續走高。

1934年7月26日是另一輪大牛市的開始，而且指數站在1933年10月21日的最低點之上2點，這個事實說明，市場是1932年開始的牛市的繼續。

1935年2月18日，最高點108.5點，指數恰好高出1934年4月20日的頂部1點，這是個阻力位或賣出點。

1935年3月18日，最低點96點，28天內指數下跌了12.5點。這是一次震盪幅度略超10點的正常調整，它說明市場的支撐良好，指數隨後還會上揚。

1936年4月6日，最高點163.25點，從1935年3月18日的最低點開始，指數上漲了一年多的時間，是時候進行修正性調整了。

1936年4月30日，最低點141.50點，24天內指數下跌了21.75點，市場在此獲得了支撐，而且在3日圖上顯示出了向上的趨勢。指數下跌剛過20點，說明這不過是牛市中的一次正常調整。

1936年8月10日，最高點170.50點，指數再次到達需要調整的高度。

8月21日，最低點160.50點，在11天內指數下跌了10點。這是一次正常

的調整，因為大勢仍然向上，所以此時應該買進。

牛市中最後的頂部

1937年3月10日，最高點195.50點。指數到達了1929年11月的最低點，而且這點位正好低於過去的頂部，對於將要出現最後的頂部的市場而言，這自然形成了一個阻力位和賣點。牛市開始於1932年7月8日，指數在56個月裡總共上漲了155點，這場牛市的最後一段開始於1934年7月26日，直至1937年3月10日收場，共歷時31個月零12天，漲幅是110點。3月10日下開始，由3日圖和所有的規則可知，市場必然已經形成了最後的頂部，而且大勢已經調頭向下。然而，我們還知道市場在到達最後一個頂部後肯定還會出現次級反彈。

熊市中的次級反彈

1937年6月14日，最低點163.75點，指數下跌了32.75點，從3月10日算起，時間週期是96天。根據規則8，這是一種正常的時間長度，所以，是時候出現次級反彈了。

1937年8月14日，最高點190.50點，在61天內指數上漲了26.75點。60天左右是一個重要的時間週期，而且這與1932年7月8日牛市結束後的次級

　　如果你能從根本上把事情所在弄清楚並思考它，你永遠也不會把事情弄得一團糟。

★ 巴菲特

反彈的時間週期一致。指數比3月10日的最高點低5點，這說明市場處於弱勢，不久之後，大勢就調頭向下。

1937年10月19日，最低點115.50點，指數從3月10日的最高點下跌了80點，從8月4日的最高點下跌了75點，而且跌到了1919年的老底以下，但並沒有超過5點。在超賣條件下，一輪快速的反彈來臨了。

10月29日，最高點141.50點，指數在10天內上漲了26點，但這次上揚很快就結束了，因為3日圖隨即就顯示出盤將繼續下行。

熊市中最後的套現

要記住，時刻留心最後一次下跌或最後一次上漲，因為它是多空搏殺的最後結局。

1938年3月15日，最高點127.50點。

1938年3月31日，最低點97.50點，16天內指數下跌了30點，也就是說，大約平均每天要下跌2點，這個跌速實在是太快了。這場開始於1937年3月10日的下跌已經持續了一年多的時間，而且價格指數從最高點算起已經下跌了50％。對於研判大盤的轉勢來說，這種百分比始終非常重要。

1938年7月25日，最高點146.50點。反彈的時間週期從5月27日算起是65天，漲幅是40點，該是大盤進行修正性調整的時候了。

1938年9月28日，最低點127.50點，9天內指數下跌了19點。這是一次正常的調整，由我們的規則可知，在一個正常的市場中，這種下跌或上升的行情幅度通常在20點上下浮動，這裡會再次成為牛市中進一步上揚的買點。

短暫牛市的結束

1938年11月10日，最高點為158.75點。從3月21日算起，這輪行情的時間週期是224天，漲幅達到61.25點，這預示著一輪陡直而快速的下跌就要到來了。

11月28日，最低點136點，指數下跌了22.75點，歷時18天。回檔的幅度超過20點，就說明牛市已經結束，而進一步的下跌即將來臨。

急劇下跌與調整到位

1939年3月27日，最高點為143.50點。

1939年4月11日，最低點為120點，15天內指數下跌了23.5點。這是對市場超賣行情的徹底調整，並為更高的反彈夯實了基礎。

從1938年11月10日～1939年4月11日，指數在152天內下跌了38.75點，這是一次平均指數的正常調整。

「二戰」中的股市

1939年9月1日，希特勒入侵波蘭，第二次世界大戰爆發，股指最低點到達127.5點。人們到處購買股票，而空頭也開始回補。人們相信，美國一定會迎來一場與第一次世界大戰期間一樣的牛市。

9月13日，最高點157.75點，12天內上漲了30點。因為上揚過快，而且未能突破1939年11月10日的頂部158.75點的位置，所以市場在這些以前的頂部位置遭遇到沉重的拋壓，此時市場已經在一個狹窄的交易區間內運

行了一段時間，這無疑是向每個人發出了信號：市場已經到達了最後的頂部，而且隨時可能開始走低。

1940年5月8日，最高點為149點。從這個位置開始，一場急劇而猛烈的下跌開始了。5月21日，最低點110.50點，13天內指數下跌了38.5點。5月21日、28日和6月10日，平均指數在這個價位形成了三重底，這是市場支撐良好的跡象，這場驟降只是由於希特勒入侵法國並得手而引發的一場股市震盪而已。

隨後出現的反彈一直持續到了1940年11月8日，此時離1938年的最高點正好相差兩年時間。

1940年11月8日，最高點為138.50點。在這次反彈之後，市場的高低點漸次下移，直至最後的底部出現。

最後的底部——熊市的結束

1942年4月28日，最低點為92.69點，從1938年3月31日算起，已經持續下跌了49個月。1938年3月31日的最低點是97.50點，而1935年3月18日的最低點是96點。這一次平均指數未能跌破以前的底部5點以上，因此這裡就形成了一個買入點，而關於這一點，可以從3日圖得到確認。

從1942年4月28日的最低點開始，指數調整的幅度和時間都開始減少減小，顯示出了上升趨勢，而且在1943年以前，確實沒有出現過10點以上

如果某人相信了空頭市場即將來臨而賣出手中不錯的投資，那麼這人會發現，通常賣出股票後，所謂的空頭市場立即轉為多頭市場，於是又再次錯失良機。

★ 巴菲特

幅度的調整。

1943年7月15日，最高點為146.50點，指數漲到了以往的拋壓區，並且居於一系列底部之下，必然會進行調整。

8月2日，最低點133.50點，18天內指數下跌了13點。這是一次自然的修正性調整，因為從92.69點～146.50點，指數上漲了53.81點。

1943年11月30日，最低點128.50點，指數從7月15日的最高點下跌了18點，歷時138天。這是牛市中的一次正常倒退，接下來還將是上升的趨勢。

1945年3月6日，最高點162.50點。此時的點位已經突破了1938年11月10日的最高點158.75點，說明市場仍處於牛市，趨勢仍然向上，但是，隨之而來的將是一場急劇的調整。

1945年3月26日，最低點151.50點，20天內指數下跌了11點。注意，1940年4月8日的最高點是152點，一次大的下跌隨後出現，所以，當指數跌到1945年3月26日的151.50點時，就跌到了以往的頂部位置，而這裡也是一個買入點和支撐位置。

1945年5月8日，對德作戰即將結束，對股市來說，這是一個利多消息，市場因此開始上揚。

1945年5月31日，最高點為169.50點，就目前的市場運動來說，這是一個新的高位。

7月27日，最低點159.59點，57天內市場下跌了9.55點。指數回檔未能超過10點，還屬於正常的調整尺度，說明市場仍處於牛市。而指數站在了1938年11月10日的最高點上，這說明市場走勢強勁。

1945年8月14日，對日作戰結束。對於市場來說，這是利好消息，所以新一輪漲勢重新出現。

1945年11月8日，最高點192.75點。指數漲到了以前的密集成交區、底

部和頂部的下方，之後自然又出現了一次調整。

11月14日，最低點182.75點，6天時間裡指數下跌了10點，這與以前出現的倒退相當，而正常的回檔幅度表明大勢依然向上。

1945年12月10日，最高點196.50點，指數又漲到了以往的頂部、底部和密集成交區域，在這點位市場會出現調整。

12月20日，最低點187.50點，在10天內指數下跌了9點，屬於正常的調整。不過，要注意的是，這個指數已經突破了1937年的最高點，這就等於說市場還將走高，尤其是這兩個極值點相隔了7年多之久，所以走高的可能性就更大。

1946年2月4日，最高點207.49點。此時的市場已經在大成交量下上漲了數月，必將出現急劇的調整。

2月26日，最低點184.05點，22天內指數下跌了23.44點。自1942年8月28日來，這是最陡直的一次下跌，所以它也是牛市正在接近尾聲的第一次預警。

隨後，一波行情漲到了4月10日的最高點208.93點，高於2月4日的最高點，這說明市場還在上揚。但是，這只是一段時間內出現的雙頂，隨後就出現了一輪倒退。

5月6日，最低點199.26點，26天內指數下跌了9.67點，屬於正常的調整，而且指數收在200點上，意味著市場支撐良好，指數會進一步上揚。

最後的頂部——牛市的終結

1946年5月29日，最高點為213.36點，至此，開始於1942年4月28日的牛市結束了。這場牛市共持續49個月，與1938年的底部至1942年的底部間

的時間週期相同。價格指數上漲了120.75點，僅比2月4日的最高點高6點的事實說明，由2月出現的急劇下跌判斷牛市即將結束是正確的，而由5月29日最高點後的3日圖也可迅速確認大勢已經調頭向下。

6月21日，最低點198.50點，23天內指數下跌了13.75點。這是牛市已經結束的第一個信號，但隨之而來的就是一輪次級反彈。

7月1日，最高點208.50點，指數漲到了與2月的最高點大致相同的位置，指數在10天內上漲10點是熊市中的正常反彈。

1946年7月24日，最低點195.50點，指數跌到了1937年以及1945年12月的頂部位置，這裡也是反彈的支撐位。

1946年8月14日，最後一個頂部為205.25點，緊接著市場開始大跌，平均指數跌破了184點，也就是2月26日的最低點，這表明大勢已經向下。此外，還應注意，1937年8月14日是大勢反轉向下後次級反彈形成的最後一個最高點。

除1929年的那次牛市外，牛市持續時間最長的當屬1942年4月～1949年5月的那一次，所以，其後必然出現一輪持續時間很短的急劇調整。

1946年10月30日，最低點160.49點，154天內指數從5月29日的最高點下跌了53點。注意，1945年7月27日的最低點159.95點，於是這裡就變成了一個支撐位和買入點。從5月的最高點至10月的最低點，154天內價格指數從最高點213.36點下跌了25％，這是對超買市場的一次調整，而在此之前出現的調整都未超出正常範圍。

從1946年10月30日的最低點開始，市場出現了一輪反彈。

當我發現自己處在一個洞穴之中時，最重要的事情就是停止挖掘。

★ 巴菲特

1947年2月10日，最高點184.50點，103天內指數上漲了24點，正處於1946年2月的底部之下，時間週期為一年，這對趨勢的變化來說很重要，因為2月5日～2月10日都是能產生轉勢的重要日期。

次級下跌

1947年5月5日，最高點為175.50點，5月19日，最低點為161.50點。14天內指數下跌了14點，這與我們提到過的，正常的市場大約每天下跌1點的規則完全吻合。這個底比1946年10月30日的底高，這使它成為了一個雙底和買點，查看3日圖也能確認這一點。

1947年7月25日，最高點187.50點，67天內指數上漲了26點，這是60天～72天的正常反彈週期之一，市場由此即將出現一次回檔。

1947年9月9日和9月26日，最低點174.50點，46天內指數下跌了13點，緊接著市場出現了反彈。

10月20日，最高點186.50點，24天內指數上漲了12點，這個頂部低於7月的頂部，也就是說這裡拋壓較強，是個賣點，而日後趨勢將繼續向下。

1948年2月11日，最低點164.04點，自1947年7月起指數下跌了23.40點。這個底高於1946年10月和1947年5月的底，這意味著市場有良好的支撐，這裡是個買點。在3日圖上，價格指數先在一個狹窄的區間內運行了1個月，然後趨勢轉而向上。

1948年6月14日，最高點194.49點，自2月11日起指數上漲了30.45點，在這126天的時間裡，沒有一次調整能持續6天以上或是調整幅度超過4點，市場明顯超買，此時必然會出現一次自然的調整過程。指數漲到過去的底部和頂部，也就是1937年的各個最高點和1929年的各個最低點，於是這裡

便形成了一個阻力位和賣點。

1948年7月12日，最後一個最高點是192.50點，7月19日，最低點是179.50點，7天內指數下跌了13點，這預示著大盤將進一步下跌。

9月7日，最低點175.50點，指數跌到了過去的支撐位上，這說明對趨勢的變化來說，9月裡的反彈一直都很重要。

10月26日，最高點190.50點，29天內指數上漲了15點，這個頂部較前一個低，指數點位與1937年8月14日市場調頭下跌時的點位相同。絕不能忽視時間週期和過去的這些指數，它們總是十分重要的。此時的指數既低於1948年6月和7月時的點位，又與1946年10月相距2年，對於判斷趨勢變化來說非常重要。

大選之後的暴跌

11月1日，最高點為190點，11月30日，最低點為170.50點，29天內價格指數下跌了18點，跌到了一個將出現反彈的支撐位。

1949年1月7日和24日，最高點182.50點，38天裡指數上漲了11點。由規則8可知，當指數到達1月7日和24日間的最高點，同時又跌破1月初創下的最低點時，趨勢即將向下。

在1月24日之後，指數未能突破1月7日的最高點，說明市場處在頂部，即將下跌，是時候出貨了。

> 我們歡迎市場下跌，因為它使我們能以新的、令人感到恐慌的便宜價格揀到更多的股票。
>
> ★ 巴菲特

2月25日，最低點170.5點，只比1948年11月30日的最低點低1點，這是即將出現反彈的支撐位。

3月30日，指數為179.15點，從2月25日起，指數的最低點上漲了8.65點。33天時間裡指數未能上漲9點的事實說明，市場走勢很弱，指數將進一步走低。

回憶一下規則8，即重要的轉勢常常出現在5月5日～10日。5月5日，最後一個最高點是177.25點，既低於3月30日的最高點，也低於4月18日的最高點，這說明大勢仍然向下，下跌仍會持續。

1949年6月14日，最低點為160.62點，自3月30日起，76天的時間裡指數下跌了18.43點，這是指數第三次到達同樣高度的低位。

1946年10月30日，最低點160.49點；1947年5月19日，最低點161.38點；1948年11月30日，最低點170.50點。從5月5日～6月14日，恰好40天的時間，最後一輪下跌行情跌去了16.63點，且指數第三次處於相同的低位，並與1948年6月14日的最高點正好相隔1年，也就是說，這裡形成了一個買點，反彈的日子來臨了。

開始於6月14日的反彈一直持續到7月17日，平均指數漲到了175點之上，從1949年的任何一次最低點開始算起，迄今為止，沒有哪一次上漲行情中的漲幅能超過這一次。

第六章

平均指數波動的時間週期

　　如果知道道瓊工業股票平均指數每次重要漲跌的時間週期與幅度，就能夠預測未來股市的運動週期，並能夠在每個上漲或下跌行情的尾聲階段，及時判斷出轉勢何時出現。

　　在下表中，指數後的字母「A」代表上漲，其後是上漲的時間。而字母「D」代表下跌，其後的天數表示市場下跌所經歷的時間。

1912年	10月8日	……最高點	94.25點		
1913年	6月11日	……最低點	72.11點	D	246天
	9月13日	……………	83.50點	A	94天
	12月15日	……………	75.25點	D	95天
1914年	3月20日	……………	83.50點	A	95天
	12月24日	……………	53.17點	D	279天
1915年	4月30日	……………	71.78點	A	127天
	5月14日	……………	60.50點	D	14天
	12月27日	……………	99.50點	A	199天
1916年	7月13日	……………	86.50點	D	198天

	11月21日	……………………	110.50點	A	30天
	12月21日	……………………	90.50點	A	30天
1917年	1月2日	……………………	99.25點	A	14天
	2月2日	……………………	87.00點	D	31天
	6月9日	……………………	99.25點	A	127天
	12月19日	……………………	65.90點	D	192天
1918年	10月18日	……………………	89.50點	A	304天
1919年	2月8日	……………………	79.15點	D	103天
	7月14日	……………………	112.50點	A	156天
	8月20日	……………………	98.50點	D	37天
	11月3日	……………………	119.62點	A	26天
	11月29日	……………………	103.50點	A	26天
1920年	1月3日	……………………	109.50點	A	35天
	2月25日	……………………	89.50點	D	53天
	4月8日	……………………	105.50點	A	42天
	5月19日	……………………	87.50點	D	41天
	7月8日	……………………	94.50點	A	50天
	8月10日	……………………	83.50點	D	33天
	9月17日	……………………	89.75點	A	38天
	12月21日	……………………	65.90點	D	96天
1921年	5月5日	……………………	80.05點	A	135天
	6月20日	……………………	64.75點	D	46天
	7月6日	……………………	69.75點	A	16天
	8月24日	……………………	63.90點	D	49天
1922年	10月14日	……………………	103.50點	A	52天
	11月14日	……………………	93.50點	D	31天

1924年	2月6日	....	101.50點	A	84天
	5月14日	....	88.75點	D	98天
	5月20日	....	105.50點	A	98天
	10月14日	....	99.50點	D	55天
1925年	1月22日	....	123.50點	A	100天
	2月16日	....	117.50點	D	25天
	3月6日	....	125.50點	A	18天
	3月30日	....	115.00點	D	24天
	4月18日	....	122.50點	A	19天
	4月27日	....	119.60點	D	9天
	11月6日	....	159.25點	A	192天
	11月24日	....	148.50點	D	18天
1926年	2月11日	....	162.50點	A	78天
	3月3日	....	144.50點	D	20天
	3月12日	....	153.50點	A	9天
	3月30日	....	135.50點	D	18天
	4月24日	....	144.50點	A	25天
	5月19日	....	137.25點	D	25天
	8月24日	....	162.50點	A	97天
	10月19日	....	145.50點	D	56天
	12月18日	....	161.50點	A	60天
1927年	1月25日	....	152.50點	D	38天
	5月28日	....	172.50點	A	123天
	6月27日	....	165.50點	D	30天
	10月3日	....	195.50點	A	97天
	10月22日	....	179.50點	D	19天

1928年	1月3日	……………	203.50點	A	73天
	1月18日	……………	191.50點	D	15天
	3月20日	……………	214.50點	A	62天
	4月23日	……………	207.00點	D	34天
	5月14日	……………	220.50點	A	21天
	5月22日	……………	211.50點	D	8天
	6月2日	……………	220.50點	A	13天
	6月18日	……………	202.00點	D	16天
	7月5日	……………	214.50點	A	19天
	7月16日	……………	205.00點	D	11天
	10月24日	……………	260.50點	A	100天
	10月31日	……………	249.00點	D	7天
	11月28日	……………	298.50點	A	28天
	12月10日	……………	254.36點	D	12天
1929年	2月1日	……………	325.00點	A	53天
	2月18日	……………	293.00點	D	17天
	3月1日	……………	325.00點	A	13天
	3月26日	……………	281.50點	D	25天
	5月6日	……………	331.00點	A	41天
	5月31日	……………	291.00點	D	24天
	7月8日	……………	350.50點	A	38天
	7月29日	……………	337.00點	D	21天
	9月3日	……………	386.10點	A	36天
	10月4日	……………	321.00點	D	31天
	10月11日	……………	358.50點	A	7天
	10月29日	……………	210.50點	D	18天

	11月8日	……………	245.00點	A	10天
	11月13日	……………	195.50點	D	5天
	12月9日	……………	267.00點	A	27天
	12月20日	……………	227.00點	D	11天
1930年	2月5日	……………	274.00點	A	47天
	2月25日	……………	259.50點	D	20天
	4月16日	……………	297.75點	A	50天
	5月5日	……………	249.00點	D	19天
	6月2日	……………	275.00點	A	28天
	6月25日	……………	207.50點	D	23天
	7月28日	……………	243.50點	A	33天
	8月9日	……………	234.50點	D	12天
	9月10日	……………	247.00點	A	32天
	10月18日	……………	183.50點	D	38天
	10月28日	……………	298.50點	A	10天
	11月10日	……………	168.25點	D	13天
	11月25日	……………	191.50點	A	15天
	12月17日	……………	154.50點	D	22天
1931年	2月24日	……………	196.75點	A	59天
	4月29日	……………	142.00點	D	64天
	5月9日	……………	156.00點	A	10天
	6月2日	……………	119.50點	D	24天
	6月27日	……………	157.50點	A	25天
	8月6日	……………	132.50點	D	40天
	8月15日	……………	146.50點	A	9天
	10月5日	……………	85.50點	D	51天

	11月9日	……………	119.50點	A	35天
1932年	1月5日	……………	69.50點	D	57天
	1月14日	……………	87.50點	A	9天
	2月10日	……………	70.00點	D	27天
	2月19日	……………	89.50點	A	9天
	6月2日	……………	43.50點	D	103天
	6月16日	……………	51.50點	A	14天
	7月8日	……………	40.60點	D	22天
	9月8日	……………	81.50點	A	62天
	10月10日	……………	57.50點	D	32天
	11月12日	……………	68.50點	A	33天
	12月3日	……………	55.50點	D	21天
1933年	1月11日	……………	65.25點	A	39天
	2月27日	……………	49.50點	D	47天
	7月18日	……………	110.50點	A	141天
	7月21日	……………	84.50點	D	3天
	9月18日	……………	107.50點	A	59天
	10月21日	……………	82.20點	D	33天
1934年	2月5日	……………	111.50點	A	107天
	3月27日	……………	97.50點	D	50天
	4月20日	……………	107.00點	A	24天
	5月14日	……………	89.50點	D	24天
	6月19日	……………	101.25點	A	36天
	7月26日	……………	84.50點	D	37天
	8月25日	……………	96.25點	A	30天
	9月17日	……………	85.75點	D	23天

1935年	1月7日	················	106.50點	A	112天
	2月6日	················	99.75點	D	30天
	2月18日	················	108.50點	A	12天
	3月18日	················	96.00點	D	28天
	9月11日	················	135.50點	A	177天
	10月3日	················	126.50點	D	22天
	11月20日	················	149.50點	A	48天
	12月16日	················	138.50點	D	26天
1936年	4月6日	················	163.25點	A	112天
	4月24日	················	141.50點	D	18天
	8月10日	················	170.50點	A	108天
	8月21日	················	160.50點	D	11天
	11月18日	················	186.25點	A	89天
	12月21日	················	175.25點	D	33天
1937年	3月10日	················	195.50點	A	79天
	4月9日	················	175.50點	D	30天
	4月22日	················	184.50點	A	13天
	6月14日	················	163.75點	D	53天
	8月14日	················	190.50點	A	61天
	10月19日	················	115.50點	D	67天
	10月29日	················	140.50點	A	10天
	11月23日	················	112.50點	D	25天
	12月8日	················	131.25點	A	15天
	12月29日	················	117.50點	D	21天
1938年	1月15日	················	134.50點	A	17天
	2月4日	················	117.25點	D	20天

2月23日	…………………	133.00點	A	19天
3月31日	…………………	97.50點	D	36天
4月18日	…………………	121.50點	A	18天
5月27日	…………………	106.50點	D	39天
7月25日	…………………	146.50點	A	59天
8月12日	…………………	135.50點	D	18天
8月24日	…………………	145.50點	A	12天
9月28日	…………………	127.50點	D	35天
11月10日	…………………	158.75點	A	43天
11月28日	…………………	145.50點	D	18天
1939年　1月5日	…………………	155.50點	A	38天
1月26日	…………………	136.25點	D	21天
3月10日	…………………	152.50點	A	43天
4月11日	…………………	120.25點	D	31天
6月2日	…………………	140.50點	A	52天
6月30日	…………………	128.75點	D	28天
7月25日	…………………	145.50點	A	25天
8月24日	…………………	128.50點	D	30天
8月30日	…………………	138.25點	A	6天
9月1日	…………………	127.50點	D	2天
9月13日	…………………	157.50點	A	12天
9月18日	…………………	147.50點	D	5天
10月26日	…………………	156.00點	A	38天
11月30日	…………………	144.50點	D	35天
1940年　1月3日	…………………	153.50點	A	34天
1月15日	…………………	143.50點	D	12天

3月28日	……………………	152.00點	A	73天
5月21日	……………………	110.61點	D	54天
5月23日	……………………	117.50點	A	2天
5月28日	……………………	110.50點	D	5天
6月3日	……………………	116.50點	A	6天
6月10日	……………………	110.50點	D	7天
7月31日	……………………	127.50點	A	51天
8月16日	……………………	120.50點	D	16天
9月5日	……………………	134.50點	A	20天
9月13日	……………………	127.50點	D	8天
9月24日	……………………	135.50點	A	11天
10月15日	……………………	129.50點	D	19天
11月8日	……………………	138.50點	A	24天
12月23日	……………………	127.50點	D	45天
1941年 1月10日	……………………	134.50點	A	18天
2月19日	……………………	117.25點	D	40天
4月4日	……………………	125.50點	A	44天
5月1日	……………………	114.50點	D	27天
7月22日	……………………	131.50點	A	82天
8月15日	……………………	124.50點	D	24天
9月18日	……………………	130.25點	A	34天
12月24日	……………………	105.50點	D	97天
1942年 1月6日	……………………	114.50點	A	13天
4月28日	……………………	92.69點	D	112天
6月9日	……………………	106.50點	A	42天
6月25日	……………………	102.00點	D	17天

	7月9日	………………	109.50點	A	14天
	8月7日	………………	104.40點	D	29天
	11月9日	………………	118.50點	A	94天
	11月25日	………………	113.50點	D	16天
1943年	4月6日	………………	137.50點	A	132天
	4月13日	………………	129.75點	D	7天
	7月15日	………………	146.50點	A	93天
	8月2日	………………	133.50點	D	18天
	9月20日	………………	142.50點	A	49天
	11月30日	………………	128.50點	D	71天
1944年	1月11日	………………	138.50點	A	42天
	2月7日	………………	134.25點	D	27天
	3月16日	………………	141.50點	A	38天
	4月25日	………………	134.75點	D	40天
	7月10日	………………	150.50點	A	76天
	9月7日	………………	142.50點	D	59天
	10月6日	………………	149.50點	A	29天
	10月27日	………………	145.50點	D	21天
	12月16日	………………	153.00點	A	50天
	12月27日	………………	147.75點	D	11天
1945年	3月6日	………………	162.25點	A	69天
	3月26日	………………	151.50點	D	20天
	5月31日	………………	169.50點	A	66天
	7月27日	………………	159.95點	D	57天
	11月8日	………………	192.75點	A	104天
	11月14日	………………	182.75點	D	6天

	12月10日	⋯⋯⋯⋯⋯	196.50點	A	26天
	12月20日	⋯⋯⋯⋯⋯	187.50點	D	10天
1946年	2月4日	⋯⋯⋯⋯⋯	207.50點	A	46天
	2月26日	⋯⋯⋯⋯⋯	184.04點	D	22天
	4月18日	⋯⋯⋯⋯⋯	209.50點	A	51天
	5月6日	⋯⋯⋯⋯⋯	199.50點	D	18天
	5月29日	⋯⋯⋯⋯⋯	213.36點	A	23天
	6月12日	⋯⋯⋯⋯⋯	207.50點	D	14天
	6月17日	⋯⋯⋯⋯⋯	211.50點	A	5天
	6月21日	⋯⋯⋯⋯⋯	198.50點	D	4天
	7月1日	⋯⋯⋯⋯⋯	208.50點	A	10天
	7月24日	⋯⋯⋯⋯⋯	194.50點	D	23天
	8月14日	⋯⋯⋯⋯⋯	205.25點	A	21天
	9月19日	⋯⋯⋯⋯⋯	164.50點	D	36天
	9月26日	⋯⋯⋯⋯⋯	176.50點	A	7天
	10月10日	⋯⋯⋯⋯⋯	161.50點	D	14天
	10月16日	⋯⋯⋯⋯⋯	177.25點	A	6天
	10月30日	⋯⋯⋯⋯⋯	160.62點	D	14天
	11月16日	⋯⋯⋯⋯⋯	175.00點	A	7天
	11月22日	⋯⋯⋯⋯⋯	162.50點	D	16天
1947年	1月7日	⋯⋯⋯⋯⋯	179.50點	A	46天
	1月16日	⋯⋯⋯⋯⋯	170.25點	D	9天
	2月10日	⋯⋯⋯⋯⋯	184.50點	A	25天
	2月15日	⋯⋯⋯⋯⋯	172.00點	D	5天
	3月28日	⋯⋯⋯⋯⋯	179.50點	A	41天
	4月15日	⋯⋯⋯⋯⋯	165.50點	D	18天

	5月5日	………………	175.50點	A	20天
	5月19日	………………	161.50點	D	14天
	7月14日	………………	187.50點	A	56天
	9月19日	………………	174.50點	D	57天
	10月20日	………………	186.00點	A	41天
	12月6日	………………	175.50點	D	47天
1948年	1月5日	………………	181.50點	A	30天
	2月11日	………………	164.04點	D	37天
	6月14日	………………	194.49點	A	124天
	7月19日	………………	179.50點	D	35天
	7月28日	………………	187.00點	A	9天
	8月11日	………………	176.50點	D	14天
	9月7日	………………	185.50點	A	27天
	9月27日	………………	175.50點	D	20天
	10月26日	………………	190.50點	A	29天
	11月30日	………………	171.50點	D	35天
1949年	1月7日	………………	182.50點	A	38天
	1月17日	………………	177.50點	D	10天
	1月24日	………………	182.50點	A	7天
	2月25日	………………	170.50點	D	32天
	3月30日	………………	179.15點	A	33天
	4月22日	………………	172.50點	D	23天
	5月5日	………………	177.25點	A	13天
	6月14日	………………	160.69點	D	40天

第七章

道瓊工業平均指數的3日圖

　　我之所以用道瓊工業平均指數作為趨勢指標，並不是由於道氏理論（Dow Theory）有多麼完美，而是因為這些平均指數的確反映了大多數個股的趨勢。當然，在現實中，某些個股上漲的時間週期可能與平均指數不盡相同，同樣，在熊市中，某些股票見底的時間也與平均指數有出入，然而，無論怎樣我們都不能否認，當市場到達最終的最高點或最低點時，平均指數的確是一種有效的指引，因為它對於確定買賣的阻力價位有著不可估量的作用。

　　鐵路板塊平均指數正在慢慢地過時，而且再也無法與工業股票平均指數的變化協調一致，而公用事業板塊平均指數正處於強勢，與鐵路板塊相比，它與工業股票平均指數的協調性更強。我建議大家密切關注道瓊工業平均指數的變動，並追蹤這些成分股的波動趨勢，然後抓住那些與大盤有著同樣變動趨勢的個股進行交易。

　　在過去的幾年中，大多數時候，工業股都比鐵路股走勢強，漲速快，所以鐵路板塊平均指數與工業股票平均指數的漲跌幅度未能保持相同，由此可見，根據道氏理論研判鐵路板塊平均指數，是否與工業股票平均指數步調一致的做法極不明智。聰明的做法是，認真觀察那些顯示出強勢或弱

勢的個股，然後從中挑選，擇機交易，將工業股票平均指數作為一致趨勢指標，同時運用我給出的所有交易規則進行判斷和操作。

實際上，這些平均指數並不是所有股票的真正平均值。在1897～1914年，它來源於12種股票的計算結果，到了1914年12月，被納入計算的股票變成了20種，隨後又變成了30種。

要提醒大家的是，儘管平均指數的確有效，並且也能給出股市趨勢的確切信號，但它們並不是這些股票當前的實際價值，因為平均指數在計算時已經考慮了分紅和拆股因素。而我所說的真正的平均指數是指，在任何時候，不考慮分紅和拆股，購買100股這30種股票所需要的成本。例如，1949年6月14日，按考慮分紅和拆股因素的計算方法，道瓊工業平均指數得到的最低點是160.69點，但如果將那天這30種股票平均指數的最低價除以30，會得到52.27點，這才是正確的平均指數，也是那時買進這些股票的真實成本。

6月14日，杜邦公司（DuPont）拆股後價格有了變化。

1949年6月28日，計算杜邦公司拆股後平均指數的最低點，得到的是48.59點，而按照道瓊的公式計算出的最低點是164.65點。

在當時，30種工業股中僅有一家股票高於164.65點這個價格水平，那就是售價167美元一股的聯合化學公司（Allied Chemical）。而美國電話公司（American Telephone）是139美元一股，接下來是美國罐頭公司（American Can），股價為89.25美元，而國家鋼鐵公司（National Steel）是75美元。所有其他股票的價格都比道瓊指數的這個價位低很多，有些甚至一股只賣17美元和18美元，而大多數則在20美元左右。

當然，按照這種道瓊的公式計算平均指數會使走勢圖失真，並使平均指數看上去遠遠高於實際的價格，不過，這並不妨礙你使用道瓊工業平均

指數，並以此判斷市場趨勢，就像它是按真實的價格計算出來的那樣。

3日及以上的市場波動

這些記錄了3日及以上市場運動的資料將用在3日圖中。而假如指數達到了極限最高點或最低點，我們又想在市場非常活躍的時候抓住轉機，那麼我們偶爾也會使用1日或2日的市場運動資料。不過，無論採用幾日圖，所有的市場運動都是以天為單位進行計算的。3日圖的使用規則是，當指數跌破3日底時，就表示市場會跌得更低，而當指數突破3日的頭部或最高位時，就表示市場還將繼續上揚。此外，還要記得綜合運用其他規則，同時考慮市場開始上揚時的最後一個最低點或起漲點，以及市場開始下跌時的最後一個最高點，這些峰、谷的位置和高度對於研判市場轉折十分重要。在一個上升的市場中，大盤的底部會隨著波動而逐漸抬高；在一個下跌的市場中，大盤的頂部會隨著主要波動逐漸下移。但有時市場既不會跌破前一輪行情的最低點，也不會突破以前的頭部，而是停留在一個狹窄的區間內進行整理，只要平均指數或個股沒有突破整理區間，就不能認為市場趨勢已經發生轉向。

時間週期對於指數的走勢來說至關重要，市場突破頭部或跌破底部的時間越長，今後的行情就會漲得越高或跌得越深。

你還要注意市場已經從極限最低位上漲了，或從極限最高位下跌了多長時間。往往在任何行情的末期，價格指數都可以創出新高，或略微下跌至較低的位置，然後停留在原地，原因是，循環到這一階段的時間週期已經到了。

例如，1938年3月31日，道瓊工業平均指數曾下跌至97.5點。之前同樣

價位的底部出現在1935年3月18日，當時的平均指數是96點。

　　1942年4月28日，道瓊工業平均指數下跌至92.62點，與1938年的最低點相比低不到5點，與1935年的最低點相比低不到4點。而由我們的規則可知，指數是可以比過去的底部低5點，或比以前的頭部高5點，而不改變市場主要的趨勢的。

　　到1942年4月，股市從1937年3月10日的極限最高點持續下跌了5年多的時間，走完了一個漫長的時間週期。所以，當指數跌破這些過去的底部，而又沒有超過5點時，就預示著趨勢將要開始發生反轉，可以考慮買進股票。請注意3日圖上的市場運動曲線，1942年4月21日，最後一個最高點是98.02點，4月8日，極限最低點是92.69點，這輪下跌行情歷時7天，跌幅不到6點。

　　1942年5月11日，平均指數漲到了99.49點；由3日圖可知，它高於4月21日出現的最後一個頭部，因此市場將會繼續上揚。從5月11日開始，出現了一場為期3天的下跌行情，指數跌到了96.39點，下跌了3.30點，之後直到1946年5月29日市場到達了最後的最高點，指數再也沒有低於這個價位。透過研究3日圖和高低點依次上移的走勢曲線，你可以看到這些走勢圖指明市場呈上升趨勢，當然其間會出現一些正常的調整，包括時間週期的調整和價格幅度的調整兩個方面，但是上升趨勢一直未變。

繪製3日圖的方法

　　當市場從一個底部開始上漲，並連續3天高點和低點均依次上移時，3日圖上指數就到達了第三天的頭部。如果隨後市場只進行了為期2天的調整，那麼你無需將這段市場波動記錄在走勢圖上，但當股市運動到第一個

頭部以上時，你就應當用趨勢線把每天的頭部連接起來，直至3天內更低的底部出現。然後你要將趨勢線一直連至第三天的最低點，而且只要指數繼續下跌，你就應不間斷地描下這些下降的位置。不用管那些2日的反彈，除非市場運動到了極限最高點或極限最低點附近，一旦市場出現這種走勢，尤其是指數振盪劇烈時，務必要畫出這2日的變化曲線。如果市場已經上漲了相當長的一段時間，而且做了雙頭或三頭，並在3日圖上跌破了上一個最低點，那麼你至少可以判定小趨勢已經反轉向下了；而若是市場一直在下跌，而且在3日圖上跌破了前一個頂部最高點，你就可以判定市場至少目前已經反轉向上。你會發現將3日圖的信號與其他所有規則結合起來使用對你很有幫助。

下面來看一些3日市場運動的例子。

從1940年11月8日開始，最高點為138.50點，趨勢已經在3日圖上反轉向下，而曲線的高低點也已經依次下移。

1941年4月23日，5月1日、16日和26日，市場到達最低點。指數在5月26日走出第二個上移的底部，此時適合買進，你可在5月1日的最低點之下的位置處設置停損單。當指數突破5月21日的最高點時，顯露出了趨勢向上的跡象。7月22日，最高點131.5點。平均指數跌破了3日圖上的底，並在8月15日創下最低點124.5點，市場隨後反彈至9月18日，到達最高點130.25點，這比7月22日的頭部低，因此是一個賣點。大盤趨勢繼續向下，並跌破了8月15日的最低點，這意味著大勢向下。

市場繼續下跌，僅在1942年1月6日突破過一個3日圖的頭部，而且僅比1941年12月16日的最高點高出2點，而且1月6日左右是一個極可能出現轉勢的日子。市場繼續下跌至1942年4月28日的極限最低點92.69點，也就是說，從1941年7月22日開始，下跌了38.31點，而在這段時間裡透過研究3日

圖你就可以一直做空，避免損失。

　　從4月28日的最低點起，平均指數的高低點開始依次上移。相較於1935年和1938年的底部位置而言，這裡絕對是個買入良機。

　　1942年6月，平均指數穿越了4月7日的最高點102.5點，趨勢無疑會向上。上升的行情將高低點不斷上移，直至1943年7月15日的最高點146.5點，由我們的規則可知這裡是個賣點。之後3日圖曲線調頭向下，指數一直跌至11月30日的最低點128.94點。這裡要提醒大家注意，3月10日和22日的最低點都在128.5點附近，因此不同於過去在3日圖看到的底部價位，這裡的129點成為了一個買點。

　　11月30日後，趨勢調頭向上，而且每個底部都逐漸抬高，直至1946年2月4日的最高點207.5點這個賣出點位，隨後出現的下跌陡直而快速，這輪下跌行情一直持續到了2月26日的最低點184.04點。

　　注意，前一個最低位出現在1945年10月30日和11月14日的183點附近，相較於過去的底部價位，我們可以斷定這裡的184點是一個買入點。從2月分開始，大盤重新開始向上攀升，直至1946年5月29日最後的最高點213.25點，我們的多條規則都在告訴我們，這裡是一個賣點。6月12日，最低點207.5點，指數正好停在2月4日的頭部之上，所以會從這裡出現反彈。6月17日，最高點208.5點，與2月4日的情況相同，因此也是一個賣點。新的一輪下跌行情重新開始，平均指數跌破了6月12日的最低點，說明大勢已經向下。

　　直至1946年10月30日最後的最低點160.69點，指數未能突破任何3日圖的頂部，比較一下1945年7月27日的最低點，和我們提到過的時間週期及百分比點規則，我們斷定這個最低點是一個買點。

　　從1946年10月30日～1947年2月10日的最高點184.5點，指數未能跌破3

日圖上任何一個最低點3點以上，而這個高點又在1946年2月26日的底部之下，因此是一個賣點。大勢再次調頭向下，每次反彈的最高點逐步降低，直至1947年5月19日的最低點161.5點，相比於1946年10月30日的底部價位，我們可以斷定這個位置是一個買點，之後不出所料，一輪快速的上升行情果然出現了。7月14日，最高點187.5點；7月18日，最低點182點；7月25日，最高點187.5點，指數在此形成了雙頭，因此是個賣點。隨後，平均指數跌破了7月18日的最低點，並繼續下跌至9月9日和26日，直至創下最低點174.5點，因其與6月25日的最低點相同，所以指數在此形成了雙底和買點。

10月20日，最高點為186.5點，低於7月14日和25日的頭部，所以可以斷定這裡是一個賣點。趨勢反轉向下，在3日圖上指數曲線的高低點逐漸下移，直至1948年2月11日的最低點164.07點。指數在2月20日和3月17日分別出現了一點位相同的底，這使指數形成了一個雙底以及買點，當指數突破了3月3日的頭部時，可確定趨勢必然向上，這裡就形成了一個安全的買點。

行情急速上升，直到1948年6月14日的最高點194.49點時，指數也未跌破過3日圖上的任何底部價位，這個最高點正好約是386點的50％，並處於以往的底部和頭部區域，因此應在這個位置上賣出多頭倉位並建立空頭倉位，之後，市場趨勢開始反轉向下。

8月11日和21日，以及9月27日，平均指數的最低點是176.5點～175.5點，這裡構成了雙底和三底，自然也就形成了一個買點。隨後開始了一場快速的反彈，直至10月26日達到最高點190.50點，之後又出現了截止到10月9日的回檔，以及截止到11月1日的反彈。

指數跌破10月29日的最低點，這表明大勢已經向下，正因如此，總統

選舉過後，新的一輪快速下跌開始上演了。

11月30日，最低點170.5點，這是過去多次出現的底部價位，因此可以形成一個支撐位和買點，這之後又出現了一輪反彈。

1949年1月7日，最高點是182.5點，之後經過回檔整理，又出現了另一輪反彈，反彈一直持續到1月24日，指數在此形成了雙頭和賣點。由我們的其他規則可知，如果平均指數在24日前不能突破1月7日的頭部，就代表著它還將走低。

2月25日，最低點是170.5點，指數與11月30日的最低點一起形成了一個雙底和買點。3月30日，最高點179.15點，由9點擺動圖可知，平均指數未能反彈9點說明市場處於弱勢。3月30日以後，趨勢果然反轉向下，在3日圖上，指數的高低點逐漸下移，直至6月14日，最低點達到160.62點。

這個谷底與1946年10月30日的最低點和1947年5月19日的最低點相參照，指數形成了三重底，因此這裡是一個買點，但買人時要記得設置停損單以避免遭受損失。隨後出現的反彈持續到了7月19日，平均指數一直上漲到174點以上，而且在3日圖上沒有任何回檔。

實際上，股指僅出現過1日回檔，這固然說明市場仍處於強勢，但平均指數將回檔3日甚至更久也就是遲早的事，在那之後，當平均指數突破第一次回檔的頭部時，就可以斷定趨勢必然反轉向上，指數必將走高。

1912—1949年平均指數的3日運動

（見對1940年11月8日後的3日運動分析）

1912年	9月30日·········94. 15點	5月15日·········78. 51點
	10月4日·········93. 70點	5月24日·········79. 88點
	10月8日·········94. 12點	6月11日·········72. 11點
	10月14日·········92. 40點	6月18日·········75. 85點
	10月16日·········93. 70點	6月21日·········74. 03點
	11月4日·········90. 29點	7月28日·········79. 06點
	11月7日·········91. 67點	8月1日·········78. 21點
	11月11日·········89. 58點	8月13日·········80. 93點
	11月14日·········90. 40點	8月15日·········79. 50點
	11月18日·········89. 97點	8月29日·········81. 81點
	11月21日·········91. 40點	9月4日·········80. 27點
	12月11日·········85. 25點	9月13日·········83. 43點
1913年	1月9日·········88. 57點	9月17日·········82. 38點
	1月14日·········84. 96點	9月22日·········83. 01點
	1月18日·········85. 75點	9月30日·········80. 37點
	1月20日·········81. 55點	10月2日·········81. 43點
	1月30日·········83. 80點	10月16日·········77. 09點
	2月18日·········79. 82點	10月21日·········79. 60點
	2月20日·········80. 20點	10月23日·········78. 40點
	2月25日·········78. 72點	10月27日·········79. 38點
	3月5日·········81. 69點	11月10日·········75. 94點
	3月20日·········78. 25點	11月18日·········77. 25點
	4月19日·········81. 00點	12月1日·········75. 77點
	4月22日·········81. 46點	12月4日·········77. 01點
	4月29日·········78. 39點	12月15日·········75. 27點
	5月5日·········79. 95點	12月26日·········78. 85點

	12月30日………78.26點		2月11日………57.83點
1914年	1月26日………82.88點		2月24日………54.22點
	1月29日………81.72點		3月8日………56.98點
	2月2日………83.19點		3月13日………56.35點
	2月11日………82.50點		4月30日………71.78點
	2月14日………83.09點		5月10日………62.06點
	2月25日………81.31點		5月12日………64.46點
	2月28日………82.26點		5月14日………60.38點
	3月6日………81.12點		5月22日………65.50點
	3月20日………83.43點		5月26日………64.42點
	3月30日………81.64點		6月22日………71.90點
	4月2日………82.47點		7月9日………67.88點
	4月25日………76.97點		8月18日………81.86點
	5月1日………80.11點		8月21日………76.76點
	5月8日………79.16點		8月28日………81.45點
	5月19日………81.66點		9月3日………80.70點
	5月22日………80.85點		10月2日………91.98點
	6月10日………81.84點		10月6日………88.23點
	6月25日………79.30點		10月22日………96.46點
	7月8日………81.79點		10月28日………93.34點
	7月30日………71.42點		11月4日………96.06點
	11月12日………54.72點		11月9日………91.08點
	11月14日………56.76點		11月16日………96.33點
	11月24日………53.17點		11月20日………95.02點
1915年	1月23日………58.52點		11月29日………97.56點
	2月1日………55.59點		12月2日………94.78點

12月8日………98.45點	7月22日………89.75點
12月13日………95.96點	7月27日………88.00點
12月27日………99.21點	8月1日………89.05點
1916年 1月11日………94.07點	8月8日………88.15點
1月17日………96.63點	8月22日………93.83點
1月20日………93.60點	9月1日………91.19點
1月25日………94.24點	11月9日………107.68點
1月31日………90.58點	11月13日………105.63點
2月11日………96.15點	11月21日………110.15點
2月17日………94.11點	11月23日………107.48點
2月19日………94.77點	11月25日………109.95點
3月2日………90.52點	11月29日………105.97點
3月16日………96.08點	12月6日………106.76點
3月25日………93.23點	12月21日………90.16點
4月6日………94.46點	**1917年** 1月2日………99.18點
4月22日………84.96點	1月13日………95.13點
5月1日………90.30點	1月20日………97.97點
5月4日………87.71點	1月23日………96.26點
5月15日………92.43點	1月26日………97.36點
5月17日………91.51點	2月2日………87.01點
5月25日………92.62點	2月6日………92.81點
6月2日………91.22點	2月9日………90.20點
6月12日………93.61點	2月13日………92.37點
6月26日………87.68點	2月15日………91.65點
7月5日………90.53點	2月20日………94.91點
7月13日………86.42點	3月1日………91.10點

3月20日⋯⋯⋯98.20點	1月10日⋯⋯⋯76.33點
4月10日⋯⋯⋯91.20點	1月15日⋯⋯⋯73.38點
4月14日⋯⋯⋯93.76點	1月31日⋯⋯⋯79.80點
4月24日⋯⋯⋯90.66點	2月7日⋯⋯⋯77.78點
5月1日⋯⋯⋯93.42點	2月19日⋯⋯⋯82.08點
5月9日⋯⋯⋯89.08點	2月25日⋯⋯⋯79.17點
6月9日⋯⋯⋯99.08點	2月27日⋯⋯⋯80.50點
6月20日⋯⋯⋯94.78點	3月2日⋯⋯⋯78.98點
6月25日⋯⋯⋯97.57點	3月11日⋯⋯⋯79.78點
7月19日⋯⋯⋯90.48點	3月23日⋯⋯⋯76.24點
7月21日⋯⋯⋯92.61點	4月6日⋯⋯⋯77.95點
7月25日⋯⋯⋯91.24點	4月11日⋯⋯⋯75.58點
8月6日⋯⋯⋯93.85點	4月20日⋯⋯⋯79.73點
9月4日⋯⋯⋯81.20點	4月30日⋯⋯⋯77.51點
9月10日⋯⋯⋯83.88點	5月15日⋯⋯⋯84.04點
9月17日⋯⋯⋯81.55點	6月1日⋯⋯⋯77.93點
9月25日⋯⋯⋯86.02點	6月26日⋯⋯⋯83.02點
10月15日⋯⋯⋯75.13點	7月1日⋯⋯⋯81.81點
10月20日⋯⋯⋯79.80點	7月6日⋯⋯⋯83.20點
11月8日⋯⋯⋯68.58點	7月15日⋯⋯⋯80.58點
11月12日⋯⋯⋯70.65點	7月18日⋯⋯⋯82.92點
11月15日⋯⋯⋯69.10點	7月23日⋯⋯⋯80.51點
11月26日⋯⋯⋯74.03點	7月26日⋯⋯⋯81.51點
12月19日⋯⋯⋯65.95點	8月1日⋯⋯⋯80.71點
1918年　1月2日⋯⋯⋯76.68點	8月10日⋯⋯⋯82.04點
1月8日⋯⋯⋯74.63點	8月17日⋯⋯⋯81.51點

9月3日‥‥‥83.84點　　　　7月14日‥‥‥112.23點

9月13日‥‥‥80.29點　　　　7月21日‥‥‥107.24點

10月4日‥‥‥85.31點　　　　7月26日‥‥‥111.10點

10月9日‥‥‥83.36點　　　　8月7日‥‥‥100.80點

10月18日‥‥‥89.07點　　　　8月12日‥‥‥105.10點

10月30日‥‥‥84.08點　　　　8月20日‥‥‥98.46點

11月9日‥‥‥88.06點　　　　9月3日‥‥‥108.55點

11月25日‥‥‥79.87點　　　　9月8日‥‥‥106.51點

12月10日‥‥‥84.50點　　　　9月16日‥‥‥108.81點

12月26日‥‥‥80.44點　　　　9月20日‥‥‥104.99點

1919年　1月3日‥‥‥83.35點　　　　9月30日‥‥‥111.42點

1月11日‥‥‥81.66點　　　　10月3日‥‥‥108.90點

1月15日‥‥‥82.40點　　　　11月3日‥‥‥119.62點

1月21日‥‥‥79.88點　　　　11月12日‥‥‥107.15點

1月24日‥‥‥81.75點　　　　11月13日‥‥‥110.69點

2月8日‥‥‥79.15點　　　　11月19日‥‥‥106.15點

3月21日‥‥‥89.05點　　　　11月25日‥‥‥109.02點

3月26日‥‥‥86.83點　　　　11月29日‥‥‥103.60點

4月9日‥‥‥91.01點　　　　12月4日‥‥‥107.97點

4月12日‥‥‥89.61點　　　　12月12日‥‥‥103.73點

5月14日‥‥‥100.37點　　　　12月17日‥‥‥107.26點

5月19日‥‥‥99.16點　　　　12月22日‥‥‥103.55點

6月5日‥‥‥107.55點　　1920年　1月3日‥‥‥109.88點

6月16日‥‥‥99.56點　　　　1月16日‥‥‥101.94點

6月21日‥‥‥106.45點　　　　1月20日‥‥‥103.48點

6月24日‥‥‥104.58點　　　　1月23日‥‥‥101.90點

1月30日⋯⋯⋯104.21點	10月6日⋯⋯⋯85.60點
2月11日⋯⋯⋯90.66點	10月11日⋯⋯⋯84.00點
2月21日⋯⋯⋯95.63點	10月25日⋯⋯⋯85.73點
2月25日⋯⋯⋯89.98點	10月28日⋯⋯⋯84.61點
3月22日⋯⋯⋯104.17點	11月1日⋯⋯⋯85.48點
3月24日⋯⋯⋯100.33點	11月19日⋯⋯⋯73.12點
4月8日⋯⋯⋯105.65點	11月23日⋯⋯⋯77.20點
4月23日⋯⋯⋯95.46點	11月27日⋯⋯⋯75.46點
4月26日⋯⋯⋯97.20點	12月4日⋯⋯⋯77.63點
4月29日⋯⋯⋯93.16點	12月21日⋯⋯⋯66.75點
5月8日⋯⋯⋯94.75點	**1921年** 1月11日⋯⋯⋯76.14點
5月19日⋯⋯⋯87.36點	1月13日⋯⋯⋯74.43點
6月12日⋯⋯⋯93.20點	1月19日⋯⋯⋯76.76點
6月30日⋯⋯⋯90.70點	1月21日⋯⋯⋯74.65點
7月8日⋯⋯⋯94.51點	1月29日⋯⋯⋯76.34點
7月16日⋯⋯⋯89.95點	2月3日⋯⋯⋯74.34點
7月22日⋯⋯⋯90.74點	2月16日⋯⋯⋯77.14點
8月10日⋯⋯⋯83.20點	2月24日⋯⋯⋯74.66點
8月13日⋯⋯⋯85.89點	3月5日⋯⋯⋯75.25點
8月17日⋯⋯⋯83.90點	3月11日⋯⋯⋯72.25點
8月24日⋯⋯⋯87.29點	3月23日⋯⋯⋯77.78點
8月31日⋯⋯⋯86.16點	4月4日⋯⋯⋯75.16點
9月9日⋯⋯⋯88.33點	4月6日⋯⋯⋯76.58點
9月13日⋯⋯⋯86.96點	4月8日⋯⋯⋯75.61點
9月17日⋯⋯⋯89.95點	5月5日⋯⋯⋯80.03點
9月30日⋯⋯⋯82.95點	6月20日⋯⋯⋯64.90點

7月6日………69.86點	4月27日………91.10點
7月15日………67.25點	5月3日………93.81點
7月25日………69.80點	5月11日………91.50點
8月16日………65.27點	5月29日………96.41點
8月24日………63.90點	6月12日………90.73點
9月10日………71.92點	6月20日………93.51點
9月20日………69.43點	6月29日………92.06點
10月1日………71.68點	7月20日………96.76點
10月6日………70.42點	7月24日………94.64點
10月11日………71.06點	8月22日………100.75點
10月17日………69.46點	8月28日………99.21點
11月16日………77.13點	9月11日………102.05點
11月22日………76.21點	9月21日………98.37點
12月15日………81.50點	9月23日………99.10點
12月22日………78.76點	9月30日………96.30點
12月31日………81.10點	10月14日………103.43點
1922年 1月5日………78.68點	10月31日………96.11點
1月20日………82.95點	11月8日………99.53點
1月31日………81.30點	11月14日………93.61點
2月6日………83.70點	11月20日………95.82點
2月8日………82.74點	11月27日………92.03點
2月21日………85.81點	**1923年** 1月3日………99.42點
2月27日………84.58點	1月9日………97.23點
3月18日………88.47點	1月13日………99.09點
3月27日………86.60點	1月16日………96.96點
4月22日………93.46點	2月21日………103.59點

2月26日·········102.40點

3月7日·········105.23點

3月10日·········103.82點

3月20日·········105.38點

4月4日·········101.40點

4月7日·········102.56點

4月11日·········101.08點

4月19日·········102.58點

4月23日·········100.73點

4月26日·········101.37點

5月7日·········95.41點

5月9日·········98.19點

5月21日·········92.77點

5月29日·········97.66點

6月1日·········95.36點

6月6日·········97.24點

6月20日·········90.81點

6月23日·········93.30點

6月30日·········87.85點

7月7日·········89.41點

7月12日·········87.64點

7月20日·········91.72點

7月31日·········86.91點

8月18日·········92.32點

8月25日·········91.59點

8月29日·········93.70點

9月4日·········92.25點

9月11日·········93.61點

9月25日·········87.94點

10月3日·········90.45點

10月16日·········86.91點

10月20日·········87.83點

10月27日·········85.76點

11月10日·········91.39點

11月17日·········89.65點

11月26日·········92.88點

11月30日·········92.34點

12月17日·········95.26點

12月22日·········93.63點

1924年 1月11日·········97.46點

1月14日·········95.68點

2月6日·········101.31點

2月18日·········96.33點

3月14日·········98.86點

3月29日·········92.28點

4月4日·········94.69點

4月14日·········89.91點

4月17日·········91.34點

4月21日·········89.18點

5月7日·········92.47點

5月14日·········88.77點

5月24日·········90.66點

5月29日⋯⋯⋯89.90點	2月16日⋯⋯⋯117.96點
6月3日⋯⋯⋯91.23點	3月6日⋯⋯⋯125.68點
6月7日⋯⋯⋯89.52點	3月10日⋯⋯⋯122.62點
6月16日⋯⋯⋯93.80點	3月12日⋯⋯⋯124.60點
6月23日⋯⋯⋯92.65點	3月18日⋯⋯⋯118.25點
7月12日⋯⋯⋯97.60點	3月20日⋯⋯⋯120.91點
7月17日⋯⋯⋯96.85點	3月30日⋯⋯⋯115.00點
8月4日⋯⋯⋯103.28點	4月18日⋯⋯⋯122.02點
8月12日⋯⋯⋯101.58點	4月27日⋯⋯⋯119.46點
8月20日⋯⋯⋯105.57點	5月7日⋯⋯⋯125.16點
8月28日⋯⋯⋯102.67點	5月13日⋯⋯⋯124.21點
8月30日⋯⋯⋯105.16點	6月2日⋯⋯⋯130.42點
9月6日⋯⋯⋯100.76點	6月10日⋯⋯⋯126.75點
9月24日⋯⋯⋯104.68點	6月17日⋯⋯⋯129.80點
9月29日⋯⋯⋯102.96點	6月23日⋯⋯⋯127.17點
10月1日⋯⋯⋯104.08點	7月8日⋯⋯⋯133.07點
10月14日⋯⋯⋯99.18點	7月11日⋯⋯⋯131.43點
11月18日⋯⋯⋯110.73點	7月27日⋯⋯⋯136.50點
11月22日⋯⋯⋯109.55點	7月31日⋯⋯⋯133.81點
1925年 1月13日⋯⋯⋯123.56點	8月25日⋯⋯⋯143.18點
1月16日⋯⋯⋯121.71點	9月2日⋯⋯⋯137.22點
1月22日⋯⋯⋯123.60點	9月19日⋯⋯⋯147.73點
1月26日⋯⋯⋯121.90點	9月30日⋯⋯⋯143.46點
1月31日⋯⋯⋯123.22點	11月6日⋯⋯⋯159.39點
2月3日⋯⋯⋯120.08點	11月10日⋯⋯⋯151.60點
2月9日⋯⋯⋯122.37點	11月13日⋯⋯⋯157.76點

11月24日‥‥‥‥148.18點　　　　7月24日‥‥‥‥154.59點

12月5日‥‥‥‥154.63點　　　　8月14日‥‥‥‥166.64點

12月9日‥‥‥‥152.57點　　　　8月25日‥‥‥‥160.41點

12月14日‥‥‥‥154.70點　　　9月7日‥‥‥‥166.10點

12月21日‥‥‥‥152.35點　　　9月20日‥‥‥‥156.26點

12月24日‥‥‥‥157.01點　　　9月25日‥‥‥‥159.27點

12月30日‥‥‥‥155.81點　　　9月29日‥‥‥‥157.71點

1926年　1月9日‥‥‥‥159.10點　　10月1日‥‥‥‥159.69點

1月19日‥‥‥‥153.81點　　　10月11日‥‥‥‥149.35點

2月4日‥‥‥‥160.53點　　　10月14日‥‥‥‥152.10點

2月8日‥‥‥‥159.10點　　　10月19日‥‥‥‥145.66點

2月11日‥‥‥‥162.31點　　　10月27日‥‥‥‥151.87點

2月15日‥‥‥‥158.30點　　　10月30日‥‥‥‥150.38點

2月18日‥‥‥‥161.09點　　　11月16日‥‥‥‥156.53點

3月3日‥‥‥‥144.44點　　　11月19日‥‥‥‥152.86點

3月10日‥‥‥‥153.13點　　　12月18日‥‥‥‥161.86點

3月30日‥‥‥‥135.20點　　**1927年**　1月3日‥‥‥‥155.16點

4月6日‥‥‥‥142.43點　　　1月10日‥‥‥‥156.56點

4月16日‥‥‥‥136.27點　　　1月17日‥‥‥‥153.91點

4月24日‥‥‥‥144.83點　　　1月21日‥‥‥‥155.51點

5月3日‥‥‥‥140.53點　　　1月25日‥‥‥‥152.73點

5月6日‥‥‥‥142.13點　　　2月1日‥‥‥‥156.26點

5月19日‥‥‥‥137.16點　　　2月7日‥‥‥‥154.31點

6月21日‥‥‥‥154.03點　　　2月28日‥‥‥‥161.96點

6月26日‥‥‥‥150.68點　　　3月7日‥‥‥‥158.62點

7月17日‥‥‥‥158.81點　　　3月17日‥‥‥‥161.78點

3月22日………158.41點

4月22日………167.36點

4月28日………163.53點

5月21日………172.06點

5月24日………171.06點

5月28日………172.56點

6月3日………169.65點

6月6日………171.13點

6月14日………167.63點

6月16日………170.15點

6月27日………165.73點

8月2日………185.55點

8月12日………177.13點

9月7日………197.75點

9月12日………194.00點

9月15日………198.97點

9月28日………194.11點

10月3日………199.78點

10月10日………189.03點

10月13日………190.45點

10月22日………179.78點

10月25日………185.31點

10月29日………180.32點

11月23日………197.10點

11月28日………194.80點

12月3日………197.34點

12月8日………193.58點

12月20日………200.93點

12月28日………198.60點

1928年　1月3日………203.35點

1月10日………197.52點

1月13日………199.51點

1月18日………194.50點

1月24日………201.01點

2月3日………196.30點

2月9日………199.35點

2月20日………191.33點

3月30日………214.45點

4月10日………209.23點

4月13日………216.93點

4月23日………207.94點

5月14日………220.88點

5月22日………211.73點

6月2日………220.96點

6月12日………202.65點

6月14日………210.76點

6月18日………201.96點

7月5日………214.43點

7月11日………206.43點

7月14日………207.77點

7月16日………205.10點

8月7日………218.06點

8月14日⋯⋯⋯214.08點	3月1日⋯⋯⋯324.40點
8月31日⋯⋯⋯240.41點	3月6日⋯⋯⋯302.93點
9月10日⋯⋯⋯238.82點	3月15日⋯⋯⋯322.75點
9月12日⋯⋯⋯241.48點	3月26日⋯⋯⋯281.51點
9月27日⋯⋯⋯236.86點	4月5日⋯⋯⋯307.97點
10月1日⋯⋯⋯242.46點	4月10日⋯⋯⋯295.71點
10月3日⋯⋯⋯233.60點	4月23日⋯⋯⋯320.10點
10月5日⋯⋯⋯243.08點	4月26日⋯⋯⋯311.00點
10月9日⋯⋯⋯236.79點	5月6日⋯⋯⋯331.01點
10月19日⋯⋯⋯259.19點	5月13日⋯⋯⋯313.56點
10月22日⋯⋯⋯250.08點	5月17日⋯⋯⋯325.64點
10月24日⋯⋯⋯260.39點	5月31日⋯⋯⋯290.02點
10月31日⋯⋯⋯248.76點	6月7日⋯⋯⋯312.00點
11月28日 209.35點	6月11日⋯⋯⋯301.22點
12月3日⋯⋯⋯283.89點	7月8日⋯⋯⋯350.09點
12月4日⋯⋯⋯295.61點	7月11日⋯⋯⋯340.12點
12月10日⋯⋯⋯254.36點	7月12日⋯⋯⋯350.26點
12月31日⋯⋯⋯301.61點	7月16日⋯⋯⋯339.98點
1929年 1月3日⋯⋯⋯311.46點	7月19日⋯⋯⋯349.19點
1月8日⋯⋯⋯292.89點	7月22日⋯⋯⋯339.32點
1月25日⋯⋯⋯319.36點	7月24日⋯⋯⋯350.30點
1月30日⋯⋯⋯308.47點	7月29日⋯⋯⋯336.36點
2月1日⋯⋯⋯324.16點	8月5日⋯⋯⋯358.66點
2月8日⋯⋯⋯298.03點	8月9日⋯⋯⋯336.13點
2月13日⋯⋯⋯316.06點	9月3日⋯⋯⋯386.10點
2月18日⋯⋯⋯293.40點	9月13日⋯⋯⋯359.70點

9月19日‥‥‥‥375.20點　　　2月13日‥‥‥‥275.00點

10月4日‥‥‥‥320.45點　　　2月25日‥‥‥‥259.78點

10月11日‥‥‥‥358.77點　　　3月10日‥‥‥‥279.40點

10月21日‥‥‥‥314.55點　　　3月17日‥‥‥‥268.94點

10月23日‥‥‥‥329.94點　　　4月11日‥‥‥‥296.35點

10月24日‥‥‥‥272.32點　　　4月15日‥‥‥‥189.34點

10月25日‥‥‥‥306.02點　　　4月16日‥‥‥‥297.25點

10月29日‥‥‥‥212.33點　　　4月29日‥‥‥‥272.24點

10月31日‥‥‥‥281.54點　　　4月30日‥‥‥‥283.51點

11月7日‥‥‥‥217.84點　　　5月5日‥‥‥‥249.82點

11月8日‥‥‥‥245.28點　　　5月14日‥‥‥‥277.22點

11月13日‥‥‥‥195.35點　　　5月20日‥‥‥‥260.76點

11月22日‥‥‥‥250.75點　　　6月2日‥‥‥‥276.86點

11月27日‥‥‥‥233.59點　　　6月12日‥‥‥‥241.00點

12月9日‥‥‥‥267.56點　　　6月13日‥‥‥‥251.63點

12月13日‥‥‥‥239.58點　　　6月18日‥‥‥‥212.27點

12月14日‥‥‥‥254.41點　　　6月20日‥‥‥‥232.69點

12月20日‥‥‥‥227.20點　　　6月25日‥‥‥‥207.74點

12月27日‥‥‥‥246.35點　　　7月1日‥‥‥‥229.53點

12月30日‥‥‥‥235.95點　　　7月8日‥‥‥‥214.64點

1930年　1月2日‥‥‥‥252.29點　　　7月18日‥‥‥‥242.01點

1月7日‥‥‥‥243.80點　　　7月21日‥‥‥‥228.71點

1月16日‥‥‥‥253.49點　　　7月28日‥‥‥‥243.65點

1月18日‥‥‥‥243.37點　　　7月31日‥‥‥‥229.09點

2月5日‥‥‥‥274.01點　　　8月5日‥‥‥‥240.95點

2月10日‥‥‥‥266.37點　　　8月9日‥‥‥‥218.82點

9月2日⋯⋯⋯242.77點

9月4日⋯⋯⋯234.35點

9月10日⋯⋯⋯247.21點

9月30日⋯⋯⋯201.95點

10月3日⋯⋯⋯216.89點

10月10日⋯⋯⋯186.70點

10月15日⋯⋯⋯201.64點

10月18日⋯⋯⋯183.65點

10月21日⋯⋯⋯193.95點

10月22日⋯⋯⋯181.53點

10月28日⋯⋯⋯198.59點

11月10日⋯⋯⋯168.32點

11月15日⋯⋯⋯187.59點

11月18日⋯⋯⋯177.63點

11月25日⋯⋯⋯191.28點

11月28日⋯⋯⋯178.88點

12月2日⋯⋯⋯187.96點

12月17日⋯⋯⋯154.45點

12月20日⋯⋯⋯170.91點

12月29日⋯⋯⋯158.41點

1931年 1月8日⋯⋯⋯175.62點

1月19日⋯⋯⋯160.09點

1月23日⋯⋯⋯172.97點

1月29日⋯⋯⋯164.81點

2月11日⋯⋯⋯185.89點

2月14日⋯⋯⋯178.20點

2月24日⋯⋯⋯196.96點

3月6日⋯⋯⋯178.46點

3月10日⋯⋯⋯188.10點

3月13日⋯⋯⋯175.89點

3月20日⋯⋯⋯189.31點

4月2日⋯⋯⋯168.30點

4月6日⋯⋯⋯174.69點

4月17日⋯⋯⋯158.50點

4月20日⋯⋯⋯164.42點

4月29日⋯⋯⋯141.78點

5月1日⋯⋯⋯153.82點

5月6日⋯⋯⋯145.65點

5月9日⋯⋯⋯156.17點

6月2日⋯⋯⋯119.89點

6月27日⋯⋯⋯157.93點

7月1日⋯⋯⋯147.44點

7月3日⋯⋯⋯156.74點

7月15日⋯⋯⋯134.39點

7月21日⋯⋯⋯147.69點

7月25日⋯⋯⋯137.69點

7月28日⋯⋯⋯142.12點

7月31日⋯⋯⋯133.70點

8月3日⋯⋯⋯139.35點

8月6日⋯⋯⋯132.55點

8月15日⋯⋯⋯146.51點

8月24日⋯⋯⋯135.62點

8月29日⋯⋯⋯142.58點   4月9日⋯⋯⋯66.81點

9月21日⋯⋯⋯104.79點   5月4日⋯⋯⋯52.33點

9月23日⋯⋯⋯117.75點   5月7日⋯⋯⋯60.01點

10月5日⋯⋯⋯85.51點   5月16日⋯⋯⋯50.21點

10月9日⋯⋯⋯108.96點   5月20日⋯⋯⋯55.50點

10月14日⋯⋯⋯96.01點   6月2日⋯⋯⋯43.49點

10月21日⋯⋯⋯109.69點   6月6日⋯⋯⋯51.21點

10月29日⋯⋯⋯98.19點   6月9日⋯⋯⋯44.45點

11月9日⋯⋯⋯119.15點   6月16日⋯⋯⋯51.43點

12月4日⋯⋯⋯85.75點   7月8日⋯⋯⋯40.56點

12月7日⋯⋯⋯92.60點   7月16日⋯⋯⋯45.98點

12月17日⋯⋯⋯71.79點   7月19日⋯⋯⋯43.53點

12月19日⋯⋯⋯83.09點   8月8日⋯⋯⋯71.49點

12月28日⋯⋯⋯72.41點   8月13日⋯⋯⋯60.89點

12月31日⋯⋯⋯79.92點   8月17日⋯⋯⋯70.50點

1932年 1月5日⋯⋯⋯69.85點   8月20日⋯⋯⋯65.99點

1月14日⋯⋯⋯87.78點   9月8日⋯⋯⋯81.39點

1月23日⋯⋯⋯77.09點   9月15日⋯⋯⋯64.27點

1月26日⋯⋯⋯80.79點   9月22日⋯⋯⋯76.01點

1月29日⋯⋯⋯74.19點   10月10日⋯⋯⋯57.67點

2月2日⋯⋯⋯80.74點   10月20日⋯⋯⋯66.13點

2月10日⋯⋯⋯70.64點   10月26日⋯⋯⋯59.03點

2月19日⋯⋯⋯89.84點   10月29日⋯⋯⋯63.67點

2月24日⋯⋯⋯79.57點   11月3日⋯⋯⋯57.21點

3月9日⋯⋯⋯89.87點   11月12日⋯⋯⋯68.87點

4月8日⋯⋯⋯61.98點   11月17日⋯⋯⋯62.18點

11月21日………64.68點

12月3日………55.04點

12月15日………62.89點

12月23日………56.07點

12月30日………60.84點

1933年 1月3日………58.87點

1月11日………65.28點

1月18日………60.07點

1月26日………62.69點

2月6日………56.65點

2月9日………60.85點

2月27日………49.68點

3月16日………64.56點

3月31日………54.90點

4月20日………75.20點

4月21日………68.64點

4月24日………74.84點

4月28日………69.78點

5月11日………83.61點

5月15日………79.06點

5月18日………84.13點

5月22日………78.61點

6月13日………97.92點

6月17日………89.10點

6月20日………98.34點

6月23日………91.69點

7月7日………107.51點

7月12日………101.87點

7月18日………110.53點

7月21日………84.45點

7月27日………97.28點

7月31日………87.75點

8月10日………100.14點

8月16日………92.95點

8月25日………105.60點

9月6日………97.74點

9月18日………107.68點

9月22日………95.73點

9月26日………100.23點

10月3日………91.93點

10月9日………100.58點

10月21日………82.20點

10月25日………95.23點

10月31日………86.50點

11月21日………101.94點

11月28日………95.31點

12月11日………103.97點

12月20日………93.70點

1934年 1月2日………101.94點

1月8日………96.26點

2月5日………111.93點

2月10日………103.08點

2月16日………109.96點

3月1日………101.93點

3月3日………106.37點

3月8日………100.78點

3月13日………104.89點

3月21日………98.45點

3月26日………102.67點

3月27日………97.41點

4月20日………107.00點

5月14日………89.10點

5月18日………96.57點

5月23日………92.23點

5月28日………96.33點

6月2日………90.85點

6月19日………101.11點

7月3日………94.25點

7月11日………99.35點

7月26日………84.58點

8月2日………91.12點

8月6日………86.32點

8月13日………92.56點

8月20日………90.08點

8月25日………96.00點

9月17日………85.72點

9月27日………94.02點

10月4日………89.84點

10月17日………96.36點

10月26日………92.20點

11月26日………103.51點

11月30日………101.49點

12月6日………104.23點

12月20日………98.93點

1935年 1月7日………106.71點

1月15日………99.54點

1月21日………103.93點

1月29日………100.24點

2月2日………102.56點

2月6日………99.95點

2月18日………108.29點

2月27日………101.27點

3月2日………103.67點

3月18日………95.95點

3月22日………100.88點

3月26日………98.61點

4月25日………111.52點

5月2日………107.82點

5月16日………117.30點

5月18日………114.13點

5月28日………117.62點

6月1日………108.64點

6月24日………121.30點

6月27日………116.91點

7月9日⋯⋯123.34點	3月26日⋯⋯159.53點
7月16日⋯⋯121.00點	3月28日⋯⋯154.66點
7月31日⋯⋯127.04點	4月6日⋯⋯163.07點
8月2日⋯⋯124.28點	4月30日⋯⋯141.53點
8月14日⋯⋯128.94點	5月15日⋯⋯152.43點
8月20日⋯⋯124.97點	5月19日⋯⋯147.21點
8月27日⋯⋯129.97點	6月1日⋯⋯154.02點
9月4日⋯⋯126.43點	6月5日⋯⋯148.52點
9月11日⋯⋯135.05點	6月24日⋯⋯161.15點
9月20日⋯⋯127.97點	7月1日⋯⋯156.82點
10月1日⋯⋯133.19點	7月3日⋯⋯159.13點
10月3日⋯⋯126.95點	7月8日⋯⋯154.85點
10月28日⋯⋯142.08點	7月28日⋯⋯168.23點
10月31日⋯⋯138.40點	8月3日⋯⋯164.61點
11月8日⋯⋯145.40點	8月10日⋯⋯170.15點
11月13日⋯⋯141.60點	8月21日⋯⋯160.52點
11月20日⋯⋯149.42點	8月28日⋯⋯168.02點
12月2日⋯⋯140.38點	9月1日⋯⋯165.24點
12月9日⋯⋯145.07點	9月8日⋯⋯170.02點
12月16日⋯⋯138.91點	9月17日⋯⋯164.82點
1936年 1月10日⋯⋯148.02點	9月23日⋯⋯170.72點
1月21日⋯⋯142.77點	9月25日⋯⋯165.91點
2月19日⋯⋯155.69點	10月19日⋯⋯178.44點
2月26日⋯⋯149.08點	10月26日⋯⋯172.16點
3月6日⋯⋯159.87點	11月18日⋯⋯186.39點
3月13日⋯⋯149.65點	11月23日⋯⋯177.91點

11月30日·········184.01點

11月2日·········179.66點

12月15日·········183.30點

12月21日·········175.31點

12月31日·········181.77點

1937年　1月4日·········176.96點

1月22日·········187.80點

1月27日·········182.15點

2月11日·········191.39點

2月24日·········185.15點

3月10日·········195.59點

3月22日·········179.28點

3月31日·········187.99點

4月9日·········175.86點

4月13日·········183.43點

4月16日·········179.70點

4月22日·········184.33點

4月28日·········168.77點

5月5日·········176.81點

5月18日·········166.20點

5月24日·········176.25點

6月1日·········170.72點

6月5日·········175.66點

6月14日·········163.73點

6月25日·········170.98點

6月29日·········166.11點

8月14日·········190.38點

8月28日·········175.33點

8月31日·········179.10點

9月13日·········154.94點

9月15日·········165.16點

9月24日·········146.22點

9月30日·········157.12點

10月6日·········141.63點

10月7日·········150.47點

10月19日·········115.84點

10月21日·········137.82點

10月25日·········124.56點

10月29日·········141.22點

11月8日·········121.60點

11月12日·········135.70點

11月23日·········112.54點

12月8日·········131.15點

12月14日·········121.85點

12月21日·········130.76點

12月29日·········117.71點

1938年　1月15日·········134.95點

1月28日·········118.94點

2月2日·········125.00點

2月4日·········117.13點

2月23日·········132.86點

2月28日·········128.63點

3月1日‥‥‥‥131.03點			11月10日‥‥‥‥158.90點	
3月12日‥‥‥‥121.77點			11月28日‥‥‥‥145.21點	
3月15日‥‥‥‥127.44點			12月1日‥‥‥‥150.20點	
3月31日‥‥‥‥97.46點			12月5日‥‥‥‥146.44點	
4月18日‥‥‥‥121.54點			12月15日‥‥‥‥153.16點	
4月20日‥‥‥‥112.47點			12月21日‥‥‥‥149.06點	
4月23日‥‥‥‥119.21點		1939年	1月5日‥‥‥‥155.47點	
5月1日‥‥‥‥109.40點			1月13日‥‥‥‥146.03點	
5月10日‥‥‥‥120.28點			1月19日‥‥‥‥149.88點	
5月27日‥‥‥‥106.44點			1月26日‥‥‥‥136.10點	
6月10日‥‥‥‥116.08點			2月6日‥‥‥‥146.43點	
6月14日‥‥‥‥111.54點			2月10日‥‥‥‥142.70點	
7月7日‥‥‥‥140.05點			2月16日‥‥‥‥146.12點	
7月12日‥‥‥‥133.84點			2月21日‥‥‥‥142.05點	
7月25日‥‥‥‥146.31點			3月10日‥‥‥‥152.71點	
7月28日‥‥‥‥139.51點			3月22日‥‥‥‥138.42點	
8月6日‥‥‥‥146.28點			3月27日‥‥‥‥143.14點	
8月12日‥‥‥‥135.38點			4月11日‥‥‥‥120.04點	
8月24日‥‥‥‥145.30點			4月15日‥‥‥‥130.19點	
8月29日‥‥‥‥136.64點			4月18日‥‥‥‥124.81點	
9月7日‥‥‥‥143.42點			4月28日‥‥‥‥131.42點	
9月14日‥‥‥‥130.38點			5月1日‥‥‥‥127.53點	
9月21日‥‥‥‥140.20點			5月10日‥‥‥‥134.66點	
9月28日‥‥‥‥127.85點			5月17日‥‥‥‥128.35點	
10月24日‥‥‥‥155.38點			6月9日‥‥‥‥140.75點	
10月29日‥‥‥‥150.48點			6月16日‥‥‥‥133.79點	

6月21日‥‥‥138.04點　　2月5日‥‥‥144.69點

6月30日‥‥‥128.97點　　2月9日‥‥‥150.04點

7月25日‥‥‥145.72點　　2月26日‥‥‥145.81點

8月11日‥‥‥136.38點　　3月12日‥‥‥149.45點

8月15日‥‥‥142.35點　　3月18日‥‥‥145.08點

8月24日‥‥‥128.60點　　4月8日‥‥‥152.09點

8月30日‥‥‥138.07點　　4月19日‥‥‥145.86點

9月1日‥‥‥127.51點　　4月24日‥‥‥149.45點

9月13日‥‥‥157.77點　　5月3日‥‥‥146.42點

9月18日‥‥‥147.35點　　5月8日‥‥‥148.70點

9月20日‥‥‥154.96點　　5月21日‥‥‥110.61點

10月4日‥‥‥148.73點　　5月23日‥‥‥117.84點

10月18日‥‥‥155.28點　　5月28日‥‥‥110.51點

10月20日‥‥‥152.55點　　6月3日‥‥‥116.44點

10月26日‥‥‥155.95點　　6月10日‥‥‥110.41點

11月10日‥‥‥147.74點　　6月18日‥‥‥125.31點

11月20日‥‥‥152.58點　　6月26日‥‥‥118.67點

11月30日‥‥‥144.85點　　6月28日‥‥‥124.42點

12月7日‥‥‥149.57點　　7月3日‥‥‥120.14點

12月12日‥‥‥146.43點　　7月17日‥‥‥123.91點

12月15日‥‥‥150.11點　　7月25日‥‥‥121.19點

12月19日‥‥‥148.35點　　7月31日‥‥‥127.18點

12月27日‥‥‥147.66點　　8月7日‥‥‥124.61點

1940年　1月3日‥‥‥153.29點　　8月12日‥‥‥127.55點

1月15日‥‥‥143.06點　　8月16日‥‥‥120.90點

1月25日‥‥‥147.29點　　8月22日‥‥‥126.97點

8月27日………124.95點   5月1日………114.78點

9月5日………134.54點   5月13日………117.93點

9月13日………127.22點   5月16日………115.36點

9月24日………135.48點   5月21日………118.45點

9月27日………131.38點   5月26日………115.33點

10月3日………135.86點   6月23日………125.14點

10月15日………129.47點   7月1日………122.54點

10月23日………132.79點   7月9日………128.77點

10月28日………130.96點   7月17日………126.75點

11月8日………138.77點   7月22日………131.10點

11月28日………129.13點   7月25日………127.74點

12月2日………131.96點   7月28日………130.37點

12月5日………129.54點   8月15日………124.66點

12月13日………133.00點   9月2日………128.62點

12月23日………127.83點   9月11日………126.31點

1941年 1月10日………134.27點   9月18日………130.00點

2月4日………122.29點   9月25日………125.33點

2月10日………125.13點   9月30日………127.31點

2月19日………117.43點   10月17日………117.88點

2月26日………122.90點   10月24日………121.69點

3月5日………119.98點   10月31日………117.40點

3月19日………124.35點   11月5日………120.34點

3月24日………121.82點   11月13日………114.91點

4月4日………125.28點   11月24日………118.19點

4月23日………115.33點   12月1日………113.06點

4月29日………117.48點   12月4日………117.54點

12月10日‥‥‥‥106.87點

12月16日‥‥‥‥112.30點

12月24日‥‥‥‥105.52點

1942年 1月6日‥‥‥‥114.96點

1月12日‥‥‥‥110.10點

1月14日‥‥‥‥113.29點

1月22日‥‥‥‥108.30點

1月27日‥‥‥‥111.20點

2月11日‥‥‥‥106.00點

2月16日‥‥‥‥107.96點

2月20日‥‥‥‥104.78點

3月3日‥‥‥‥107.16點

3月12日‥‥‥‥98.32點

3月18日‥‥‥‥102.73點

3月31日‥‥‥‥99.25點

4月7日‥‥‥‥102.75點

4月17日‥‥‥‥95.80點

4月21日‥‥‥‥98.02點

4月28日‥‥‥‥92.69點

5月11日‥‥‥‥99.49點

5月14日‥‥‥‥96.39點

5月21日‥‥‥‥100.21點

5月25日‥‥‥‥98.68點

6月9日‥‥‥‥106.34點

6月12日‥‥‥‥103.27點

6月18日‥‥‥‥106.63點

6月25日‥‥‥‥101.94點

7月9日‥‥‥‥109.26點

7月14日‥‥‥‥107.40點

7月16日‥‥‥‥109.21點

7月24日‥‥‥‥105.84點

7月27日‥‥‥‥106.97點

8月7日‥‥‥‥104.50點

8月19日‥‥‥‥107.88點

8月26日‥‥‥‥105.37點

9月8日‥‥‥‥107.88點

9月11日‥‥‥‥105.58點

10月13日‥‥‥‥115.80點

10月16日‥‥‥‥112.71點

10月21日‥‥‥‥116.01點

10月28日‥‥‥‥112.57點

11月9日‥‥‥‥118.18點

11月18日‥‥‥‥114.12點

11月21日‥‥‥‥115.65點

11月25日‥‥‥‥113.55點

12月18日‥‥‥‥119.76點

12月22日‥‥‥‥118.09點

12月28日‥‥‥‥119.96點

12月29日‥‥‥‥117.30點

1943年 1月4日‥‥‥‥120.82點

1月7日‥‥‥‥118.84點

2月2日‥‥‥‥126.38點

2月4日………124.69點

2月15日………129.15點

2月19日………125.82點

3月4日………131.20點

3月10日………128.49點

3月12日………131.39點

3月22日………128.67點

4月6日………137.45點

4月13日………129.79點

5月10日………139.30點

5月14日………136.13點

5月20日………140.09點

5月25日………138.06點

6月5日………143.19點

6月15日………138.51點

7月15日………146.41點

8月2日………133.87點

8月19日………138.83點

8月23日………134.40點

9月10日………138.26點

9月14日………137.24點

9月20日………142.50點

10月7日………136.01點

10月20日………139.21點

10月25日………137.88點

10月28日………139.74點

11月9日………130.84點

11月12日………133.07點

11月17日………129.86點

11月20日………133.15點

11月30日………128.94點

1944年 1月11日………138.89點

1月13日………136.99點

1月17日………138.60點

1月28日………136.65點

2月1日………137.69點

2月7日………134.10點

2月17日………136.77點

2月21日………135.52點

3月16日………141.43點

3月29日………136.98點

4月10日………139.45點

4月25日………134.75點

5月12日………139.38點

5月16日………138.23點

6月20日………149.15點

6月24日………147.12點

7月10日………150.88點

7月24日………145.26點

8月2日………147.07點

8月9日………144.48點

8月18日………149.28點

8月25日‥‥‥‥146.42點　　　7月6日‥‥‥‥163.47點

8月30日‥‥‥‥147.69點　　　7月10日‥‥‥‥167.79點

9月7日‥‥‥‥142.53點　　　7月27日‥‥‥‥159.95點

9月26日‥‥‥‥147.08點　　　8月10日‥‥‥‥166.54點

9月28日‥‥‥‥145.67點　　　8月21日‥‥‥‥162.28點

10月6日‥‥‥‥149.20點　　　9月13日‥‥‥‥179.33點

10月10日‥‥‥‥147.67點　　　9月17日‥‥‥‥173.30點

10月18日‥‥‥‥149.18點　　　10月18日‥‥‥‥187.55點

10月27日‥‥‥‥145.33點　　　10月30日‥‥‥‥182.98點

11月10日‥‥‥‥148.39點　　　11月8日‥‥‥‥192.78點

11月16日‥‥‥‥145.17點　　　11月14日‥‥‥‥182.82點

12月16日‥‥‥‥153.00點　　　11月17日‥‥‥‥192.66點

12月27日‥‥‥‥147.93點　　　11月24日‥‥‥‥185.83點

1945年 1月11日‥‥‥‥156.68點　　　12月10日‥‥‥‥196.59點

1月24日‥‥‥‥150.53點　　　12月20日‥‥‥‥187.51點

2月21日‥‥‥‥160.17點　　**1946年** 1月17日‥‥‥‥205.03點

2月26日‥‥‥‥157.45點　　　1月21日‥‥‥‥195.52點

3月6日‥‥‥‥162.22點　　　2月4日‥‥‥‥207.49點

3月9日‥‥‥‥155.96點　　　2月13日‥‥‥‥197.65點

3月16日‥‥‥‥159.42點　　　2月16日‥‥‥‥205.35點

3月26日‥‥‥‥151.74點　　　2月26日‥‥‥‥184.05點

5月8日‥‥‥‥167.25點　　　3月9日‥‥‥‥194.70點

5月11日‥‥‥‥162.60點　　　3月13日‥‥‥‥188.86點

5月31日‥‥‥‥169.41點　　　3月26日‥‥‥‥201.85點

6月12日‥‥‥‥165.89點　　　3月29日‥‥‥‥198.23點

6月26日‥‥‥‥169.55點　　　4月10日‥‥‥‥208.93點

4月15日………204. 57點	12月3日………166. 20點
4月18日………209. 36點	12月10日………177. 21點
4月25日………203. 09點	12月13日………172. 57點
4月30日………207. 23點	12月23日………178. 54點
5月6日………199. 26點	12月27日………173. 88點
5月29日………213. 36點	**1947年** 1月7日………179. 24點
6月12日………207. 52點	1月16日………170. 13點
6月17日………211. 46點	2月10日………184. 96點
6月21日………198. 98點	2月26日………176. 34點
7月1日………208. 59點	3月6日………182. 48點
7月16日………199. 48點	3月15日………171. 90點
7月18日………203. 46點	3月24日………177. 61點
7月24日………194. 33點	3月26日………174. 11點
8月14日………205. 01點	3月28日………179. 68點
9月4日………173. 64點	4月15日………165. 39點
9月6日………181. 67點	4月23日………171. 71點
9月10日………166. 56點	4月29日………167. 42點
9月16日………176. 26點	5月5日………175. 08點
9月19日………164. 09點	5月19日………161. 38點
9月26日………175. 45點	6月23日………178. 08點
10月10日………161. 61點	6月25日………173. 93點
10月16日………177. 05點	7月14日………187. 15點
10月30日………160. 49點	7月18日………182. 51點
11月6日………175. 00點	7月25日………187. 66點
11月22日………162. 29點	7月30日………179. 77點
11月30日………170. 66點	8月1日………184. 38點

8月11日	178. 22點	3月17日	165. 03點
8月15日	181. 58點	4月23日	184. 48點
8月26日	176. 54點	4月29日	179. 33點
9月2日	180. 56點	5月15日	191. 39點
9月9日	174. 02點	5月19日	187. 46點
9月17日	179. 37點	6月14日	194. 49點
9月26日	174. 42點	6月28日	186. 44點
10月20日	186. 24點	7月12日	192. 50點
10月24日	181. 55點	7月19日	179. 50點
10月29日	184. 70點	7月28日	187. 00點
11月6日	180. 61點	7月30日	180. 00點
11月10日	182. 70點	8月5日	184. 50點
11月17日	179. 57點	8月11日	176. 50點
11月21日	183. 97點	9月7日	185. 50點
12月6日	175. 44點	9月21日	176. 50點
12月22日	181. 78點	9月24日	179. 50點
12月29日	177. 93點	9月27日	175. 50點
1948年 1月5日	181. 69點	10月26日	190. 50點
1月14日	176. 50點	10月29日	186. 50點
1月17日	177. 59點	11月1日	190. 00點
1月26日	170. 70點	11月10日	172. 10點
2月2日	176. 05點	11月19日	178. 00點
2月11日	164. 07點	11月30日	170. 50點
2月17日	169. 23點	12月13日	178. 50點
2月20日	166. 38點	12月17日	175. 50點
3月3日	169. 28點	12月30日	179. 25點

1949年	1月3日………174.50點	3月23日………174.50點
	1月7日………182.50點	3月30日………179.15點
	1月17日………177.75點	4月7日………175.25點
	1月24日………182.50點	4月18日………177.50點
	1月27日………177.50點	4月22日………172.50點
	2月3日………180.75點	5月5日………177.25點
	2月11日………171.00點	5月10日………173.50點
	2月16日………175.50點	5月17日………176.25點
	2月25日………170.50點	6月14日………160.62點
	3月14日………177.75點	7月19日………175.00點

平均指數在9點及以上的波動

常你繪製這種走勢圖時，如果市場在上揚，那麼走勢圖也持續向上，直至出現9點或9點以上的調整；如果市場在下跌，那麼走勢圖上的趨勢線也向下移動，直至出現9點或9點以上的反彈，這在9點擺動圖上是一種反轉。如果市場正在接近頭部和底部，或出現了一些重要的轉勢信號，我們就要將少於9點的市場運動記錄下來。只要研究這種走勢圖，你就會發現市場的運動幅度常常是9點～10點。接下來需要留心的重要週期依次是：18點～20點左右的市場運動，30點左右的市場運動，45點左右的市場運動，最後是50點～52點的市場運動。研究這些記錄有助於你更加準確地判斷市場主要長期波動的未來趨勢，便於你進行長期投資，而在目前的稅法下，這一點很重要，因為你必須至少持倉6個月或更久，所以一定要學習如何進

行長期投資。

在下面的清單中，「A」後面的數字代表的是指數上漲的點數，「D」後面的數字代表的是從前一個的最高位下跌的點數。

1912年	10月8日	………94.12點		
1913年	6月11日	………72.11點	D	22.01點
	9月13日	………83.43點	A	11.32點
	12月15日	………75.27點	D	8.16點
1914年	3月20日	………83.43點	A	8.16點
	12月24日	………53.17點	D	30.26點
1915年	4月30日	………71.78點	A	18.61點
	5月14日	………60.38點	D	11.40點
	12月27日	………99.21點	A	38.83點
1916年	7月13日	………86.42點	D	12.79點
	11月21日	………110.15點	A	23.73點
	12月21日	………90.16點	D	19.99點
1917年	1月2日	………99.18點	A	9.02點
	2月2日	………87.01點	D	12.17點
	6月9日	………99.08點	A	12.07點
	12月19日	………65.95點	D	33.13點
1918年	10月18日	………89.09點	A	23.14點
1919年	2月8日	………79.15點	D	9.94點
	7月14日	………112.23點	A	33.08點
	4月20日	………98.46點	D	13.77點
	11月3日	………119.62點	A	21.16點
	11月29日	………103.60點	D	16.02點

1920年	1月3日	………109.88點	A	6.28點
	2月25日	………89.98點	D	19.90點
	4月8日	………105.65點	A	15.67點
	5月19日	………87.36點	D	18.29點
	7月8日	………94.51點	A	7.15點
	8月10日	………83.20點	D	11.31點
	9月17日	………89.75點	A	6.55點
	12月21日	………66.75點	D	23.00點
1921年	5月5日	………80.03點	A	13.28點
	6月20日	………64.90點	D	15.13點
	7月6日	………69.86點	A	4.96點
	8月24日	………63.90點	D	5.96點
1922年	10月14日	………103.43點	A	39.53點
	11月14日	………93.11點	D	10.32點
1923年	3月20日	………105.38點	A	12.27點
	10月27日	………85.76點	D	19.62點
1924年	2月6日	………101.31點	A	15.55點
	5月14日	………88.77點	D	12.54點
	8月20日	………105.57點	A	16.80點
	10月14日	………99.18點	D	6.39點
1925年	1月22日	………123.60點	A	24.42點
	2月16日	………117.96點	D	5.64點
	3月6日	………125.68點	A	7.72點
	3月30日	………115.00點	D	10.68點
	4月18日	………122.02點	A	7.02點
	4月27日	………119.46點	D	2.56點

	11月6日 ········159.39點	A	39.93點
	11月24日 ········148.18點	D	11.21點
1926年	2月11日 ········162.31點	A	14.13點
	3月3日 ········144.44點	D	17.87點
	3月12日 ········153.13點	A	8.69點
	3月30日 ········135.20點	D	17.93點
	4月24日 ········144.83點	A	9.63點
	5月19日 ········137.16點	D	7.67點
	8月24日 ········166.64點	A	29.48點
	10月19日 ········145.66點	D	20.98點
	12月18日 ········161.86點	A	16.20點
1927年	1月25日 ········152.73點	D	9.13點
	5月28日 ········172.56點	A	19.83點
	6月27日 ········165.73點	D	6.83點
	10月3日 ········199.78點	A	34.05點
	10月22日 ········179.78點	D	20.00點
1928年	1月3日 ········203.35點	A	23.57點
	1月18日 ········194.50點	D	8.85點
	1月24日 ········201.01點	A	6.51點
	2月20日 ········191.33點	D	9.68點
	3月20日 ········214.45點	A	23.12點
	4月23日 ········207.94點	D	6.51點
	5月14日 ········220.88點	A	12.94點
	5月22日 ········211.73點	D	9.15點
	6月2日 ········220.96點	A	9.23點
	6月12日 ········202.65點	D	18.31點

	6月14日	········210.76點	A	8.11點
	6月18日	········201.96點	D	8.80點
	7月5日	········214.43點	A	12.47點
	7月16日	········205.10點	D	9.33點
	10月1日	········242.46點	A	37.36點
	10月3日	········233.60點	D	8.86點
	10月19日	········259.19點	A	25.59點
	10月22日	········250.08點	D	9.11點
	10月24日	········260.39點	A	10.31點
	10月31日	········248.96點	D	11.43點
	11月28日	········299.35點	A	50.39點
	12月3日	········283.89點	D	15.46點
	12月4日	········295.61點	A	11.72點
	12月10日	········254.36點	D	41.25點
1929年	1月3日	········311.46點	A	57.10點
	1月8日	········292.89點	D	18.57點
	1月25日	········319.86點	A	26.97點
	1月30日	········308.47點	D	11.39點
	2月1日	········324.16點	A	15.69點
	2月8日	········298.03點	D	26.13點
	2月13日	········316.06點	A	18.03點
	2月18日	········293.40點	D	22.66點
	3月1日	········324.40點	A	31.00點
	3月6日	········302.93點	D	21.47點
	3月15日	········322.75點	A	19.82點
	3月26日	········281.51點	D	41.24點

3月28日 ………311.13點	A	29.62點
4月1日 ………294.11點	D	17.02點
4月5日 ………307.97點	A	13.86點
4月10日 ………295.71點	D	12.26點
4月23日 ………320.10點	A	24.39點
4月26日 ………311.00點	D	9.10點
5月6日 ………331.01點	A	20.01點
5月9日 ………317.09點	D	13.92點
5月11日 ………328.01點	A	10.92點
5月13日 ………313.56點	D	14.45點
5月15日 ………324.38點	A	10.82點
5月16日 ………314.51點	D	9.87點
5月17日 ………325.64點	A	11.13點
5月23日 ………300.52點	D	25.12點
5月24日 ………313.30點	A	12.78點
5月27日 ………291.80點	D	21.50點
5月29日 ………302.32點	A	10.52點
5月31日 ………290.02點	D	12.30點
6月7日 ………312.00點	A	21.98點
6月11日 ………301.22點	D	10.78點
6月18日 ………323.30點	A	22.08點
6月20日 ………314.32點	D	8.98點
7月8日 ………350.09點	A	35.77點
7月11日 ………340.12點	D	9.97點
7月12日 ………350.26點	A	10.14點
7月16日 ………339.98點	D	10.28點

7月17日 ………349.79點	A	9.81點
7月23日 ………339.65點	D	10.14點
7月24日 ………349.30點	A	9.65點
7月29日 ………336.36點	D	12.94點
8月5日 ………358.66點	A	22.30點
8月9日 ………336.13點	D	22.53點
8月26日 ………380.18點	A	44.05點
8月28日 ………370.34點	D	9.84點
9月3日 ………386.10點	A	15.76點
9月5日 ………367.35點	D	18.75點
9月7日 ………381.44點	A	14.09點
9月10日 ………364.46點	D	16.98點
9月12日 ………375.52點	A	11.06點
9月13日 ………359.70點	D	15.82點
9月19日 ………375.20點	A	15.50點
9月25日 ………344.85點	D	30.35點
9月26日 ………358.16點	A	13.31點
9月28日 ………341.03點	D	17.13點
10月2日 ………350.19點	A	9.16點
10月4日 ………320.45點	D	29.74點
10月8日 ………349.67點	A	29.22點
10月9日 ………338.86點	D	10.81點
10月11日 ………358.77點	A	19.91點
10月17日 ………332.11點	D	26.66點
10月18日 ………343.12點	A	11.01點
10月19日 ………321.71點	D	21.41點

	10月22日 ·········333.01點	A	11.30點
	10月24日 ·········272.32點	D	60.69點
	10月25日 ·········306.02點	A	33.70點
	10月29日 ·········212.33點	D	93.69點
	10月31日 ·········281.54點	A	69.21點
	11月7日 ·········217.84點	D	63.70點
	11月8日 ·········245.28點	A	27.44點
	11月13日 ·········195.35點	D	49.93點
	11月20日 ·········250.75點	A	55.40點
	11月27日 ·········233.39點	D	17.36點
	12月9日 ·········267.56點	A	34.17點
	12月13日 ·········239.58點	D	27.98點
	12月14日 ·········254.41點	A	14.83點
	12月20日 ·········227.20點	D	27.21點
	12月21日 ·········237.26點	A	10.06點
	12月23日 ·········226.39點	D	10.87點
	12月27日 ·········246.35點	A	19.96點
	12月30日 ·········235.95點	D	10.40點
1930年	1月10日 ·········252.91點	A	16.96點
	1月18日 ·········243.37點	D	9.54點
	2月13日 ·········275.00點	A	31.63點
	2月17日 ·········265.29點	D	9.71點
	2月19日 ·········273.35點	A	8.06點
	2月25日 ·········259.78點	D	13.57點
	3月10日 ·········279.40點	A	19.62點
	3月15日 ·········268.97點	D	10.43點

3月21日	‥‥‥‥284.08點	A	15.11點
3月22日	‥‥‥‥274.63點	D	9.45點
4月16日	‥‥‥‥297.25點	A	22.62點
4月22日	‥‥‥‥284.28點	D	12.97點
4月23日	‥‥‥‥293.27點	A	8.99點
4月29日	‥‥‥‥272.24點	D	21.03點
4月30日	‥‥‥‥283.51點	A	11.27點
5月5日	‥‥‥‥249.82點	D	33.69點
5月7日	‥‥‥‥272.15點	A	22.33點
5月8日	‥‥‥‥257.74點	D	14.41點
5月14日	‥‥‥‥277.22點	A	19.48點
5月20日	‥‥‥‥260.76點	D	16.46點
6月2日	‥‥‥‥276.86點	A	16.10點
6月12日	‥‥‥‥241.00點	D	35.86點
6月13日	‥‥‥‥251.63點	A	10.63點
6月18日	‥‥‥‥212.27點	D	39.36點
6月20日	‥‥‥‥232.69點	A	20.42點
6月25日	‥‥‥‥207.74點	D	24.95點
7月1日	‥‥‥‥229.53點	A	21.79點
7月8日	‥‥‥‥214.64點	D	14.89點
7月18日	‥‥‥‥242.01點	A	27.37點
7月21日	‥‥‥‥228.72點	D	13.29點
7月28日	‥‥‥‥243.65點	A	14.93點
7月31日	‥‥‥‥229.09點	D	14.56點
8月5日	‥‥‥‥240.95點	A	11.86點
8月13日	‥‥‥‥214.49點	D	26.46點

	9月10日 ………247. 10點	A	32. 61點
	9月30日 ………201. 95點	D	45. 15點
	10月3日 ………216. 85點	A	14. 90點
	10月10日 ………186. 70點	D	30. 15點
	10月15日 ………201. 64點	A	14. 94點
	10月18日 ………183. 63點	D	18. 01點
	10月20日 ………194. 44點	A	10. 81點
	10月22日 ………181. 53點	D	12. 91點
	10月28日 ………198. 59點	A	17. 06點
	11月1日 ………181. 26點	D	17. 33點
	11月3日 ………187. 23點	A	5. 97點
	11月10日 ………168. 32點	D	18. 91點
	11月15日 ………187. 59點	A	19. 27點
	11月18日 ………177. 63點	D	9. 96點
	11月21日～25日 ………191. 28點	A	13. 65點
	11月28日 ………178. 88點	D	12. 40點
	12月2日 ………187. 96點	A	9. 08點
	12月17日 ………154. 45點	D	33. 51點
	12月18日 ………171. 64點	A	17. 19點
	12月29日 ………158. 41點	D	13. 23點
1931年	1月7日 ………175. 32點	A	16. 91點
	1月19日 ………160. 09點	D	15. 23點
	1月23日 ………172. 97點	A	12. 88點
	1月29日 ………164. 81點	D	8. 16點
	2月26日 ………195. 95點	A	31. 14點
	3月13日 ………175. 89點	D	20. 06點

3月20日	‧‧‧‧‧‧‧189.31點	A	13.42點
4月7日	‧‧‧‧‧‧‧166.10點	D	23.21點
4月14日	‧‧‧‧‧‧‧173.24點	A	7.14點
4月29日	‧‧‧‧‧‧‧141.78點	D	31.46點
5月9日	‧‧‧‧‧‧‧156.17點	A	14.39點
6月2日	‧‧‧‧‧‧‧119.89點	D	36.28點
6月5日	‧‧‧‧‧‧‧138.89點	A	19.00點
6月8日	‧‧‧‧‧‧‧127.96點	D	10.93點
6月9日	‧‧‧‧‧‧‧138.88點	A	10.92點
6月19日	‧‧‧‧‧‧‧128.64點	D	10.24點
6月27日	‧‧‧‧‧‧‧157.93點	A	29.29點
7月1日	‧‧‧‧‧‧‧147.44點	D	10.49點
7月3日	‧‧‧‧‧‧‧156.74點	A	9.30點
7月15日	‧‧‧‧‧‧‧134.39點	D	22.35點
7月21日	‧‧‧‧‧‧‧147.69點	A	13.30點
7月31日	‧‧‧‧‧‧‧133.70點	D	13.99點
8月15日	‧‧‧‧‧‧‧146.41點	A	12.71點
9月21日	‧‧‧‧‧‧‧104.79點	D	41.62點
9月23日	‧‧‧‧‧‧‧117.75點	A	12.96點
10月5日	‧‧‧‧‧‧‧85.51點	D	32.24點
10月9日	‧‧‧‧‧‧‧108.98點	A	23.47點
10月14日	‧‧‧‧‧‧‧96.01點	D	12.97點
10月24日	‧‧‧‧‧‧‧110.53點	A	14.52點
10月29日	‧‧‧‧‧‧‧98.19點	D	12.34點
11月9日	‧‧‧‧‧‧‧119.15點	A	20.96點
12月17日	‧‧‧‧‧‧‧71.79點	D	47.36點

	12月19日	………83.09點	A	11.30點
1932年	1月5日	………69.85點	D	13.24點
	1月14日	………87.78點	A	17.93點
	2月10日	………70.64點	D	17.14點
	2月19日	………89.84點	A	19.20點
	2月24日	………79.57點	D	10.27點
	3月9日	………89.88點	A	10.31點
	5月4日	………52.33點	D	37.55點
	5月7日	………60.01點	A	7.68點
	6月2日	………43.49點	D	16.52點
	6月15日	………51.43點	A	7.94點
	7月8日	………40.56點	D	10.87點
	8月8日	………71.49點	A	30.93點
	8月13日	………60.89點	D	10.60點
	9月8日	………81.39點	A	20.50點
	9月15日	………64.27點	D	17.12點
	9月22日	………76.01點	A	11.74點
	10月10日	………57.67點	D	18.34點
	10月20日	………66.13點	A	8.46點
	11月3日	………57.21點	D	8.92點
	11月12日	………68.87點	A	11.66點
	12月3日	………55.04點	D	13.83點
1933年	1月11日	………65.78點	A	10.74點
	2月27日	………49.68點	D	16.10點
	3月16日	………64.56點	A	14.88點
	3月31日	………54.90點	D	9.66點

	4月20日 ········75.20點	A	20.30點
	4月21日 ········68.64點	D	6.56點
	6月13日 ········97.97點	A	29.33點
	6月17日 ········89.10點	D	8.87點
	7月18日 ········110.53點	A	21.43點
	7月21日 ········84.45點	D	26.08點
	7月27日 ········97.28點	A	12.83點
	7月31日 ········87.75點	D	9.53點
	8月25日 ········105.60點	A	17.85點
	9月6日 ········97.74點	D	7.86點
	9月18日 ········107.68點	A	9.94點
	10月3日 ········91.93點	D	15.75點
	10月9日 ········100.58點	A	8.65點
	10月21日 ········02.20點	D	18.38點
	12月11日 ········103.97點	Λ	21.77點
	12月20日 ········93.70點	D	10.27點
1934年	2月5日 ········111.93點	A	18.23點
	3月1日 ········101.93點	D	10.00點
	3月3日 ········106.37點	A	4.44點
	3月27日 ········97.41點	D	8.96點
	4月20日 ········107.00點	A	9.59點
	5月14日 ········89.10點	D	17.90點
	7月11日 ········99.35點	A	10.25點
	7月26日 ········84.58點	D	14.77點
	8月25日 ········96.00點	A	11.42點
	9月17日 ········85.72點	D	10.28點

1935年	1月7日 ·········106.71點	A	20.99點
	1月15日 ·········99.54點	D	7.17點
	2月18日 ·········108.29點	A	8.75點
	3月18日 ·········95.95點	D	12.34點
	5月28日 ·········117.62點	A	21.67點
	6月1日 ·········108.64點	D	8.98點
	9月11日 ·········135.05點	A	26.41點
	10月3日 ·········126.95點	D	8.10點
	11月20日 ·········149.42點	A	22.47點
	12月16日 ·········138.91點	D	10.51點
1936年	3月6日 ·········159.87點	A	20.96點
	3月13日 ·········149.65點	D	10.22點
	4月6日 ·········163.07點	A	13.42點
	4月30日 ·········141.53點	D	21.54點
	6月24日 ·········161.15點	A	19.62點
	7月8日 ·········154.85點	D	6.30點
	8月10日 ·········170.15點	A	15.30點
	8月21日 ·········160.52點	D	9.63點
	11月18日 ·········186.39點	A	25.87點
	12月21日 ·········175.31點	D	11.08點
1937年	3月10日 ·········195.59點	A	20.28點
	3月22日 ·········179.28點	D	16.31點
	3月31日 ·········187.99點	A	8.71點
	4月9日 ·········175.86點	D	12.13點
	4月22日 ·········184.33點	A	8.47點
	4月28日 ·········168.77點	D	15.56點

	5月5日 ········176.81點	A	8.04點
	5月18日 ········166.20點	D	10.61點
	5月24日 ········176.25點	A	10.05點
	6月14日 ········163.73點	D	12.52點
	8月14日 ········190.38點	A	26.65點
	9月13日 ········154.94點	D	35.44點
	9月15日 ········165.16點	A	10.22點
	9月24日 ········146.22點	D	18.94點
	9月30日 ········157.12點	A	10.90點
	10月6日 ········141.63點	D	15.49點
	10月7日 ········150.47點	A	8.84點
	10月19日 ········115.84點	D	34.63點
	10月21日 ········137.82點	A	21.98點
	10月25日 ········124.56點	D	13.20點
	10月29日 ········141.22點	A	16.66點
	11月8日 ········121.60點	D	19.62點
	11月12日 ········135.70點	A	14.10點
	11月23日 ········112.54點	D	23.16點
	12月8日 ········131.15點	A	18.61點
	12月14日 ········121.85點	D	9.30點
	12月21日 ········130.76點	A	8.91點
	12月29日 ········117.21點	D	13.55點
1938年	1月15日 ········134.95點	A	17.74點
	2月4日 ········117.13點	D	17.82點
	2月23日 ········132.86點	A	15.73點
	3月31日 ········97.46點	D	35.40點

4月18日 ········121.54點	A	24.08點
4月20日 ········112.47點	D	9.07點
4月23日 ········119.21點	A	6.74點
5月1日 ········109.40點	D	9.81點
5月10日 ········120.28點	A	10.88點
5月27日 ········106.44點	D	13.84點
7月25日 ········146.31點	A	39.87點
8月12日 ········135.38點	D	10.93點
8月24日 ········145.30點	A	9.92點
9月14日 ········130.38點	D	14.92點
9月21日 ········140.20點	A	9.82點
9月28日 ········127.85點	D	12.35點
11月10日 ········158.90點	A	31.05點
11月28日 ········145.21點	D	13.69點

1939年

1月5日 ········155.47點	A	10.26點
1月26日 ········136.10點	D	19.37點
3月10日 ········152.71點	A	16.61點
4月11日 ········120.04點	D	32.67點
6月9日 ········140.75點	A	20.71點
6月30日 ········128.75點	D	12.00點
7月25日 ········145.72點	A	16.97點
8月24日 ········128.60點	D	17.12點
8月30日 ········138.07點	A	9.47點
9月1日 ········127.51點	D	10.56點
9月13日 ········157.77點	A	30.26點
9月18日 ········147.35點	D	10.42點

	10月26日 ········155.95點	A	8.60點
	11月30日 ········144.85點	D	11.10點
1940年	1月3日 ········153.29點	A	8.44點
	1月15日 ········143.06點	D	10.23點
	4月8日 ········152.07點	A	9.01點
	5月21日 ········110.61點	D	41.46點
	5月23日 ········117.84點	A	7.23點
	6月10日 ········110.41點	D	7.43點
	11月8日 ········138.77點	A	28.36點
	12月23日 ········127.83點	D	10.94點
1941年	1月10日 ········134.27點	A	6.44點
	2月19日 ········117.43點	D	16.84點
	4月4日 ········125.28點	A	7.85點
	5月1日 ········114.78點	D	10.50點
	7月22日 ········131.10點	A	16.32點
	12月24日 ········105.52點	D	25.58點
1942年	1月6日 ········114.96點	A	9.44點
	4月28日 ········92.69點	D	22.27點
1943年	7月15日 ········146.41點	A	53.72點
	8月2日 ········133.87點	D	12.54點
	9月20日 ········142.50點	A	8.63點
	11月30日 ········128.94點	D	13.56點
1944年	7月10日 ········150.88點	A	21.94點
	9月7日 ········142.53點	D	8.35點
1945年	3月6日 ········162.22點	A	19.69點
	3月26日 ········151.74點	D	10.48點

	6月26日	………169.55點	A	17.81點
	7月27日	………159.95點	D	9.60點
	12月10日	………196.59點	A	36.64點
	12月20日	………187.51點	D	9.08點
1946年	1月17日	………205.03點	A	17.52點
	1月21日	………195.52點	D	9.51點
	2月4日	………207.49點	A	11.97點
	2月13日	………197.65點	D	9.84點
	2月16日	………205.35點	A	7.70點
	2月26日	………184.05點	D	21.30點
	4月18日	………209.36點	A	25.31點
	5月6日	………199.26點	D	10.10點
	5月29日	………213.36點	A	14.10點
	6月21日	………198.98點	D	14.38點
	7月1日	………208.59點	A	9.61點
	7月24日	………194.33點	D	14.26點
	8月14日	………205.01點	A	10.68點
	9月4日	………173.64點	D	31.37點
	9月6日	………181.67點	A	8.03點
	9月10日	………166.56點	D	15.11點
	9月16日	………176.26點	A	9.70點
	9月19日	………164.09點	D	12.17點
	9月26日	………175.45點	A	11.36點
	10月10日	………161.61點	D	13.84點
	10月16日	………177.05點	A	15.44點
	10月30日	………160.49點	D	16.56點

	11月6日 ………175.00點	A	14.51點
	11月22日 ………162.29點	D	12.71點
1947年	1月7日 ………179.24點	A	16.95點
	1月16日 ………170.13點	D	9.11點
	2月10日 ………184.96點	A	14.83點
	3月15日 ………171.97點	D	12.99點
	3月28日 ………179.68點	A	7.71點
	4月15日 ………165.39點	D	14.29點
	5月5日 ………175.08點	A	9.69點
	5月19日 ………161.38點	D	13.70點
	7月25日 ………187.66點	A	26.28點
	9月9日 ………174.02點	D	13.64點
	10月20日 ………186.24點	A	12.22點
1948年	2月11日 ………164.09點	D	22.15點
	6月14日 ………194.49點	A	30.40點
	7月19日 ………179.50點	D	14.99點
	7月28日 ………187.00點	Λ	7.50點
	8月11日 ………176.50點	D	10.50點
	9月7日 ………185.50點	A	9.00點
	9月27日 ………175.50點	D	10.00點
	10月26日 ………190.50點	A	15.00點
	11月30日 ………170.50點	D	20.00點
1949年	1月7日和24日 ………182.50點	A	12.00點
	2月25日 ………170.50點	D	12.00點
	3月30日 ………179.15點	A	8.65點
	6月14日 ………160.62點	D	18.53點

所有9點及以上的波動

1912年10月8日～1949年6月14日，這37年間總共出現過464次幅度在9點或9點以上的市場波動，平均下來大約是每個月出現一次9點波動。此外，這37年裡還出現過54次幅度小於9點的市場波動。

在這464次波動中，9點～21點的市場波動共有271次，大約占總數的一半；21點～31點的市場波動共有61次，大約占總數的1/4；31點～51點的市場波動有36次，約占總數的1/8。

幅度大於51點的市場波動僅有6次，而且都出現在1929年，當時的股市經歷了有史以來最瘋狂的階段。

以上數字證明，大多數重要的市場趨勢波動都在9點～21點之間，由此可見，這些區間的波動對於研判趨勢指向來說最為重要。

小於9點的市場波動地位次之，假如從一個低位的反彈未能超過9點，就說明市場處於弱勢，指數還將繼續走低；同樣，在上升行情中，如果平均指數的回檔小於9點，就說明市場仍處於強勢，指數還將繼續走高。

一般情況下，如果大勢反轉向上，而且平均指數上漲了10點或更多，那麼指數就應該繼續上揚，能從低位上漲20點或更多。

當熊市來臨以後，如果指數的跌幅超過10點，那它就會繼續下跌20點或20點以上。如果平均指數的波動幅度超過了21點，那麼你接下來要關注的就是從極限最高點和極限最低點開始的30點～31點的波動幅度。之所以這樣說是因為，在市場朝相反方向運行10點或10點以上之前，幅度超過31點的波動占的比例極小。

波動30點的例子

1938年3月15日，最高點127.50點；3月31日，極限最低點97.50點，指數下跌了30點。

1938年9月28日，最低點127.50點；11月10日，年內最高點158.75點，指數上漲了31.25點。

1939年9月1日，最低點127.50點。同一天，希特勒發動了第二次世界大戰。

1939年9月13日，年內極限最高點157.50點，指數正好上漲了30點。

1946年2月4日，最高點207.5點；2月24日，最低點184.04點，指數下跌了近24點。

1948年2月11日，最低點164.04點；6月14日，年內最高點194.49點，指數上漲30.40點。

1949年6月14日，最低點160.62點，自1948年的最高點起，指數下跌了33.87點。

由這些數字可以看出，當波動幅度在30點左右時常常會產生這個特定市場波動的極限最高點或極限最低點，在正常的市場狀態下，這種現象尤為常見。而在非正常的市場中，如1928年、1929年和1930年的股市，股價奇高，波動劇烈，波動幅度要遠遠超出30點，這些非正常時期的波動自然無法與正常時期同日而語。

第八章

出現高頂和深底的月分

回顧以往那些在重要行情接近尾聲時出現的最高點非常重要，之所以這樣說是因為，股票的運動受季節性變化的影響，而且會在牛市即將結束，或是一輪大行情或小行情即將結束的某個月分創出極限高頂。

出現過高頂的月分

1881年1月和6月的最高點	1909年10月
1886年12月	1911年2月和6月
1887年4月	1912年10月
1890年5月	1914年3月
1892年3月	1915年12月
1895年9月	1916年11月
1897年9月	1918年10月
1899年4月和9月	1919年11月
1901年4月和6月	1923年3月
1906年1月	1929年9月

1930年4月	1939年9月
1931年7月	1940年11月
1932年9月	1941年7月和9月
1933年7月	1943年7月
1934年2月	1946年5月
1937年3月	1947年2月、7月和10月
1938年1月	1948年6月
1938年11月	1949年1月

由上表中可以看到，在1881～1949年間的股票市場中，總共出現了35次大的波動，或者稱之為行情。下面我們來看一下12個月中，每個月出現頂部或最高點的次數。

1月——出現4個高點

2月——出現4個高點

3月——出現4個高點

4月——出現4個高點

5月——出現2個高點

6月——出現4個高點

7月——出現4個高點

8月——沒有出現高點

9月——出現8個高點

10月——出現4個高點

11月——出現4個高點

12月——出現2個高點

上面的數字顯示，在35輪行情中，指數在9月出現了8次頂部，由此，

我們可以判定，如果一輪牛市已經運行了相當長的時間，那麼9月就是要提防頂部出現的重要月分。除此以外，在1月、2月、3月、4月、6月、7月、10月和11月的市場中各出現過4次頂部，5月和12月分別出現過2次頂部，只有8月一次也未出現。這些數字就是一種信號，它在告訴你一輪大牛市或小牛市的尾聲會出現在哪些月分裡。

出現過深底的月分

在某些月分中，熊市或下跌行情的終點出現的頻率明顯要比其他月分高。因此，對於你來說，知道這些極限深底的出現時間十分重要。列表如下：

1884年6月	1917年12月
1888年4月	1919年2月
1890年12月	1921年8月
1893年7月	1923年10月
1896年8月	1929年11月
1898年3月	1930年12月
1900年9月	1932年7月
1901年1月	1933年2月
1903年11月	1933年10月
1907年11月	1934年7月
1910年7月	1937年11月
1911年7月	1938年3月
1913年6月	1939年4月

1914年12月	1940年5月和6月
1916年4月	1941年5月
1942年4月	1947年5月
1943年11月	1948年7月和3～11月
1946年10月	1949年6月

從上面的數字，你可以看到在36輪下跌行情或熊市中，市場跌至下列月分，或到達最後的底部的累積次數。

1月——1次極限最低點

2月——3次極限最低點

3月——2次極限最低點

4月——4次極限最低點

5月——3次極限最低點

6月——4次極限最低點

7月——5次極限最低點

8月——2次極限最低點

9月——1次極限最低點

10月——3次極限最低點

11月——6次極限最低點

12月——4次極限最低點

你會注意到有5次熊市結束於7月，6次結束於11月，因此，當股市已經下跌了很長的時間後，在7月或11月見底的可能性就會很大。除7月和11月外，4月、6月和12月是出現見底次數最多的月分，也是需要留心跌勢終點的次要月分。

在36輪市場波動中，1月和9月分別出現過1次最低點，因此，在考慮

熊市的結束時，可將這兩個月分排除在外。3月出現過2次極限最低點，如果市場已經下跌了一段時間，那麼你可以預計深底出現在4月可能性要大於3月。就像要結合道瓊工業平均指數和公用事業股平均指數來研究以往股市的時間段一樣，你也可以結合個股價格來研究個股波動的時間週期。

每年的月高點和月低點

記錄下每年中出現極限最高點和極限最低點的時間十分重要。下表中記錄的是出現過最高點和最低點的月分，而且在1897年後，日期更為精確。

最高點		最低點
1881年	1和5月	2、9和12月
1882年	9月	1和11月
1883年	4月	2和10月
1884年	2月	6和12月
1885年	11月	1月
1886年	1和12月	5月
1887年	5月	10月
1888年	10月	4月
1889年	9月	3月
1890年	5月	12月
1891年	1月和9月	7月
1892年	3月	12月
1893年	1月	7月26日（極限最低點）

1894年	4月和8月	11月
1895年	9月	12月
1896年	4月17日	8月8日
1897年	9月10日	4月19日
1898年	8月26日和12月17日	3月25日
1899年	4月4日和9月2日	12月18日、6月25日和9月24日
1900年	12月27日	12月24日
1901年	6月3日	
1902年	4月18日和9月19日	12月15日
1903年	2月16日	11月9日
1904年	12月5日	2月9日
1905年	12月29日	1月25日
1906年	1月19日	7月13日
1907年	1月7日	11月15日
1908年	11月13日	2月13日
1909年	10月2日	2月23日
1910年	1月22口	7月26日
1911年	2月4日和6月14日	9月25日
1912年	9月30日	1月2日
1913年	1月9日	6月21日
1914年	3月20日	12月24日
1915年	12月27日	1月24日
1916年	11月25日	4月22日
1917年	1月2日	12月19日
1918年	10月18日	1月15日
1919年	11月3日	2月8日

1920年	1月3日	12月21日
1921年	5月5日	8月24日
1922年	1月5日	10月14日
1923年	3月20日	10月27日
1924年	11月18日	5月14日
1925年	11月6日	3月6日
1926年	8月14日	3月30日
1927年	12月20日	1月25日
1928年	12月31日	2月20日
1929年	9月3日	11月13日
1930年	4月16日	12月17日
1931年	2月24日	10月5日
1932年	3月9日	7月8日
1933年	7月18日	2月27日和10月21日
1934年	2月5日	7月26日
1935年	11月8日	3月18日
1936年	12月15日	4月30日
1937年	3月10日	11月23日
1938年	11月10日	3月31日
1939年	9月13日	4月11日
1940年	1月3日	6月10日
1941年	1月10日	12月24日
1942年	12月28日	4月28日
1943年	7月15日	1月7日
1944年	12月16日	2月7日
1945年	12月10日	1月24日

1946年	5月29日	10月30日
1947年	7月25日	5月19日
1948年	6月14日	2月11日
1949年	1月7日	6月14日

各月出現高頂的次數

1月——69年中有14次最高點

2月——69年中有5次最高點

3月——69年中有5次最高點

4月——69年中有6次最高點

5月——69年中有5次最高點

6月——69年中有3次最高點

7月——69年中有3次最高點

8月——69年中有3次最高點

9月——69年中有10次最高點

10月——69年中有3次最高點

11月——69年中有8次最高點

12月——69年中有13次最高點

由上述的統計數字中我們可以看到，1月出現過14次最高點，而12月出現過13次，因此，當市場已經上漲了相當長的一段時間後，我們就可以預估最高點最可能出現在12月或1月，其次需要預防的是出現10次最高點的9月，再次是出現過8次的11月，隨後是最高點分別出現過5次、6次和5次的3月、4月和5月。而剩下的6月、7月、8月和10月只分別出現過3次最高點，

因此，你不必對指數在這些月分到達極限最高點抱過高期望。

各月出現深底的次數

1月——69年中有9次極限最低點

2月——69年中有10次極限最低點

3月——69年中有6次許可權最低點

4月——69年中有6次極限最低點

5月——69年中有3次極限最低點

6月——69年中有5次極限最低點

7月——69年中有6次極限最低點

8月——69年中有2次極限最低點

9月——69年中有2次極限最低點

10月——69年中有7次極限最低點

11月——69年中有6次極限最低點

12月——69年中有13次極限最低點

　　由上面的數字可以看到，見底次數最多的是12月，其次是2月，因此，要想留心深底和轉勢，12月分和2月分是最重要的，接下來是分別出現過9次和7次最低點的1月和10月，然後是分別出現過6次最低點的3月、4月和11月分。除此之外，5月出現過3次最低點，8月和9月分別出現過2次最低點，後面這些月分出現最低點的次數是最少的。

　　如果我們把最高點和最低點放在一起來考慮，就會發現，在過去的69年中，出現最高點和最低點次數最多的月分分別是9月、12月、1月和2月，因此，只要指數已經上漲或下跌了很長一段時間，這些就是需要留心轉勢

的最重要的月分。通過觀察以往出現高頂和深底的月分，可以幫助你預估下一次轉勢出現的時間，此外，你還應當研究以往最高點和最低點出現的確切日期，以便將來在相同的日期附近留心轉勢的出現。

道瓊工業平均指數的波動週期

我們考察了1912年10月8日～1949年6月14日的工業平均指數，然後記錄下市場中較大的漲跌行情，它們的特點是持續時間相對較短，指數會經歷驟升或驟降。在這期間，這樣的跌漲共出現了292次。

3～11天——有41次漲跌行情處於這個時段，占總數的比例約為1：7。

11～21天——有65次漲跌行情處於這個時段，比例約為1：4.5。

22～35天——有65次漲跌行情處於這個時段，比例約為1：4.5。

在11～35天這個時段中，共出現了130次漲跌行情，占總數的30％以上，由此可見，這是最容易出現極限最高點或極限最低點的時段，需要特別注意。

36～45天——有31次漲跌行情處於這個時段，比例約為1：9.5。

43～60天——有33次漲跌行情處於這個時段，比例約為1：9。

61～95天——有20次漲跌行情處於這個時段，比例約為1：14.5。

96～112天——有13次漲跌行情處於這個時段，比例約為1：22.5。

有12次漲跌行情的持續時間超過了112天，比例約為1：22。

掌握這些關於波動的時間週期的知識將有助於你運用其他的規則，研判市場會在什麼時候出現轉勢。

第九章

透過比較6月分的最低點來預測未來最高點

　　1949年6月14日，道瓊工業平均指數曾跌至160.62點，但截至我撰寫本書時的1949年7月19日，它已經上漲到了175點。我們將1949年6月14日假定為市場開始轉牛市的起點，然後比較以往在6月分出現的最低點以及市場隨後的波動走向，就可找到用來判斷未來市場走勢的線索。

　　1913年6月11日，最低點72.11點；9月13日，最高點83.43點，這輪漲勢持續了3個月。

　　1914年3月20日，最高點83.49點，與9月13日的最高點相應，它們共同構成了市場的雙頂，這輪上漲行情起始於1913年6月的最低點，歷時9個月。從1914年3月起，大勢調頭向下，到了6月分，指數已經跌到了81.84點，略低於前面的雙頂，從這個價位開始，下跌行情一直繼續，直至出現1914年12月的恐慌性暴跌才結束，此時平均指數已經跌到了53.17點。

　　1921年6月20日，最低點66點，這是熊市的第一個底。

　　1921年8月24日，最低點64點，這是熊市的最後一個底，一輪牛市由此開始。

　　1923年3月20日，最高點105.25點，21個月裡指數上漲了41點。至此，一直持續到1929年的大牛市的第一段行情即將結束。

1930年6月25日,最低點208點,這是熊市在第一年所構築的一個最低點,因此我們不能指望一輪牛市會在此展開。

9月10日,最高點247點,77天內指數上漲了39點,這是本輪熊市中唯一的一次反彈。

1937年6月14日,最低點163.75點。

8月14日,最高點190.50點,61天內指數上漲了36.75點。這只是熊市中的一個反彈,因為早在1937年3月,牛市就已經結束了。

1940年6月10日,最低點110.50點。

11月8日,最高點138.50點,147天內指數上漲了28點。這是熊市中的一次反彈。從此6月分就再也沒有出現過更重要的底,這種情況一直持續到1949年6月14日(這是一輪開始於1948年6月14日,歷時1年的下跌行情)才結束。

在使用這些均於6月分形成最低點的時間週期時,1921年6月的最低點是尤其需要注意的,因為那是一輪持續時間長達20個月的熊市的結尾階段。囚此,以1949年6月14日為基點,加上與1921~1923年的上漲週期相同的時間跨度,我們就算出了1951年3月14日,這個有可能是一輪牛市的起點的日期。假定從1949年6月14日開始計算,而本輪熊市中僅會出現一次反彈,那麼反彈起始和結束時間週期就可能是8月14日、31日,以及12月27日。與以前的時間週期相比,其他幾個反彈起始和結束的時間週期可能出現在1950年4月,以及1950年6月裡。

1945年7月27日,最後一次見底。截至1949年7月27日,一輪漲勢結束,歷時48個月。

1949年8月27日,間隔49個月,與1938~1942年最低點的時間週期,以及1942年4月~1946年5月最高點的時間週期相同。

因此，1949年7月27日是出現轉勢的一個重要日子。若到時趨勢真的向上，或到期後不久趨勢就開始向上，那麼指數應該可以走得很高。

1938年11月10日，最高點158.75點；1942年4月28日，指數創下最後的最低點，二者之間相距約42個月。1945年，平均指數突破了158.75點，在此之前大盤曾在這點位下方運行了6年零3個月。如今，指數已經站在了158.75點之上達50個月之久，因此，一旦市場跌破160點這個位置，就預示著會出現大幅下跌，因為它站在其上的時間已經足夠久了。

鑑於平均指數曾於1946年5月29日到達過一次極限最高點，現在又已經在53點的範圍內運行了37個月，且沒有跌破1946年10月30日的底（這個底是歷時5個月的下跌過程中第一跌的最低點），因此，如果平均指數能夠在這個低位上停留很長一段時間後開始上漲，並進入強勢，那麼這種上漲就可能持續很長時間，並創出高價。

周年紀念日

我之所以撰寫這本《江恩華爾街45年》，是為了能教給讀者一些有關時間週期的全新規則，這些規則極有價值，可以幫你預測出未來最高點和最低點的出現時間，只要你善加運用，必能從中受益。

在研究過程中我發現，股票會在它們已經到達過最高價和最低價的月分出現重要的轉勢，我將這些日子稱為周年紀念日（Anniversary Date），這些日子需要你時時留心，因為市場每年都可能在這些日子裡出現轉勢。

1929年9月3日，指數開創歷史新高。

1932年7月8日，指數回落到了自1897年來的最低位，連同上面的9月3日，這兩個日子對於研究轉勢來說意義重大。由如下記錄中可以看到這些

日子所具有的價值。

1930年9月30日，大跌前的最後一個最高點。

1931年8月29日，一輪大跌行情開始。這個日期僅與被我稱為周年紀念日的9月3日相差5天。

1932年7月8日，出現極限最低點。

1932牛9月8日，出現牛市中第一輪反彈的最高點。

1933年7月18日，指數升至當年的最高點。9月18日，次級反彈的最高點，隨後開始了一輪新的下跌。

1934年7月26日，指數升至當年的最低點。9月17日，指數抵達上漲前的最後一個谷底位置。

1935年7月21日，上漲行情創出新高。指數在回檔至8月2日後，重新開始上揚。

1935年9月11日，指數上漲至當時的最高點，之後開始回檔，至10月3日後又突破了9月11日的最高點，繼續攀升。

1936年7月28日，指數到達當時的最高點，隨後市場開始調整，之後又繼續走高。

1936年9月8日，指數創下最高點，然後回檔至9月17日，之後繼續上揚。

1937年7月，沒有出現重要的頂部或底部。

1937年9月15日，形成大跌前的最後一個最高點。

1938年7月25日，形成大調整前的最高點。9月28日，抵達一輪大漲勢前的最後一個最低點。

1939年7月25日，形成一個頂部，之後開始了一輪至9月1日方才結束的調整下跌。

1939年9月1日，最低點。9月13日，一輪30點上升行情的最高點。

1940年7月3日，20點漲勢前的最低點。9月13日，截止到11月8日的上升行情前的最低點。

1941年7月22日，最後一輪反彈的最高點。9月18日，大跌前的最後一個最高點。

1942年7月9日和16日，調整前的最後一個最高點。9月11日，大漲勢前的最後一個最低點。

1943年7月15日，13點跌勢前的最高點。9月20日，截止到11月30日的下跌行情前的最高點。

1944年7月10日，截止到9月7日的一輪調整前的最高點。

1944年9月，一輪大漲勢前的最後一個最低點。

1945年7月27日，最低點159.95點。直至撰寫本書時的1949年7月2日，這個最低點仍未被跌穿。

1945年9月17日，指數大漲前的最低點。

1946年7月1日，指數大跌前的最後一個最高點。

1946年9月6日，小反彈的最高點，隨後指數持續下跌直至10月30日。

1947年7月25日，市場下跌前的最高點。9月9日～26日，截止到10月20日的一輪上升行情前的最後兩個底。

1948年7月12日，截止到9月27日的下跌行情前的最後一個最高點。

1948年9月27日，最後一個最低點，市場隨後開始反彈，直至10月26日結束。

1949年，注意7月8日、15日、25日和28日，這些日子裡可能出現重要的轉勢。

9月2日～10日、15日、20日～27日，這些日子裡也可能出現轉勢。

請大家注意，每一年，都不要忘記關注這些周年紀念日，以及其他創下極限最高點和極限最低點的日期，如1937年3月8日、1938年3月31日、1942年4月28日、1946年5月29日等等。如果你肯用心研究和比較股市波動的時間週期，同時又不忘遵循本書中其他的那些規則，那麼你早晚會體會到時間週期對於預測轉勢的重大價值。

重大消息

當諸如戰爭爆發、結束，或是總統就職典禮、總統選舉等重大消息出現時，必須著重考慮同一時刻的平均指數和個股的價格走勢，觀察趨勢是向上還是向下，以及這些重人消息出現後的市場變化。

1914年7月30日，第一次世界大戰爆發，道瓊工業平均指數為71.42點，12月24日跌入極限最低點53.17點。

1915年4月30日，最高點71.78點，指數漲回了一戰爆發時的價位。隨後指數回檔，直至5月14日創下最低點60.38點。6月22日，平均指數又回到了71.90點，然後從這個位置開始出現了一波小調整，直至7月9日跌到最低點67.88點，隨後又調頭向上，突破了戰爭爆發時的最高點，並不斷創出新高。

1918年11月11日，第一次世界大戰結束。平均指數在11月9日抵達88.07點，這也是本年度最後一個最高點。1919年3月，指數第一次突破這個最高點，而後一路上揚，直至1919年11月3日到達119.62點，再創新高。

接下來是1939年9月1日這個重要的戰爭日，在這一天指數跌至最低點127.51點，但9月13日便又漲至峰頂157.77點。我們給出的阻力位出現在127點～130點，而市場的實際行情與此別無二致。

1939年8月24日，128.60點；9月1日，127.51點。

1940年8月12日，最高點127.55點；9月13日，最低點127.32點；12月23日，最低點127.83點。

1941年7月27日，最低點126.75點；9月30日，最高點127.31點。

1943年2月2日，最低點126.38點；3月22日，最低點128.67點；4月13日，最低點129.79點；4月30日，最低點128.94點，之後市場開始大幅上揚。

我們發現，平均指數總會在幾乎相同的位置上多次出現最高點和最低點，原因是什麼？答案是，在這些價位附近隱含著某種百分比數。

1896年，最低點28.50點，加上350%，得到128.25點。

1921年，最低點64點，加上100%，得到128點。

1929年，最高點386.10點，其1/3是128.70點。

1929年的最高點386.10點至1932年的最低點40.56點，這個區間的1/4是126.70點。

1932年的最低點40.56點至1946年的最高點213.36點，這個區間的1/2是126.96點。

1937年，最高點195.59點，其2/3是130.32點。

1937年的最高點195.59點至1938年的最低點97.46點，這個區間的1/3是130.17點。

1942年的最低點92.69點至1937年的最高點195.59點，這個區間的3/8是130.40點。

在這些價位附近總共出現8個阻力位，每個阻力位都隱含著一定的百分比數，而且市場曾先後在這些位置附近形成過11次頂部和底部，由此可見，從每一個重要的最高點或最低點計算百分比點和阻力位是很重要的。

193點～196點的阻力位

1929年11月13日，最低點195.35點。

1931年2月24日，最高點196.96點。

1937年3月10日，最高點195.59點。

1948年6月14日，最高點194.49點。

在這個位置附近曾出現過4個重要的頂部和底部，原因是：

1929年，最高點386.10點，其1/2是193.05點，這是一個非常重要的阻力位。

1921年，最低點是64點，加上200％就得到了192點。

1930年4月16日，最高點297.25點，至1942年的最低點92.69點，這個區間的1/2是194.97點。

1932年的最低點40.56點加上其375％，就得到了192.66點。

1945年7月27日，最低點159.95點，1946年5月29日的最高點213.36點，這個區間的2/3是195.56點。

1939年9月1日的最低點127.51點，加上其50％，就得到了191.26點。

1939年的最低點為127.51點，1942年，最低點92.69點，加上這個區間幅度的200％，就得到了197.15點。

1945年3月26日，最低點151.74點。這是平均指數在那次創出新高的行情前出現的最後一個最低點。

最後的最高點213.36點，其2/3為192.74點。截至這裡一共出現了8個重

要贏得好的聲譽需要20年，而要毀掉它，5分鐘就夠。如果明白了這一點，你做起事來就會不同了。

★ 巴菲特

要的阻力位，這便是平均指數會在這些位置附近做出3次重要的頂部和1次重要的底部的原因。如果這場牛市持續到1949年或1950年，並突破196點，然後收在這個價位之上，就表示指數會繼續上揚，而且還將出現一個重要的阻力位。

1941年12月7日，對日作戰起始日

12月7日，星期天，這一天日本偷襲了珍珠港（Pearl Harbor）。12月6日，道瓊平均指數的最低點是115.74點，並收在了116.60點上，12月8日，平均指數的最高點是115.46點，之後，指數一直下跌至1942年4月28日的極限最低點92.69點，由此可見，12月8日的最高點115.46點極為重要，只要平均指數突破這一點，就表明股市還會大漲。

1943年10月13日，最高點115.80點，指數與1941年12月6日的最低點和12月8日的最高點相同。1943年10月28日，最低點112.57點，15天內指數僅回檔了3點，這表明市場上升趨勢強勁。

1943年11月9日，最高點118.18點。平均指數已經突破了1941年12月8日的最高點，這是市場將進一步走高的徵兆。之後的回檔中，指數跌到了12月24日的最低點113.46點，在45天內下跌不到5點，不低於戰爭爆發時的最低點3點，這說明市場的支撐良好，指數將會走高。平均指數持續上漲，至1945年2月突破了127.51點，也就是1939年9月1日德國發動第二次世界大

在拖拉機問世的時候做一匹馬，或在汽車問世的時候做一名鐵匠，都不是一件有趣的事。

★ 巴菲特

戰時的市場最低點。

1945年5月6日，德國投降，平均指數繼續上揚。6月26日，指數到達最高點169.15點，高出1938年的最高點10點，而且突破了158點～163點間的所有阻力位，指數必然大漲。

1945年7月27日，最低點159.95點，31天內指數下跌了不到10點，並收在了強阻力位上方，這意味著指數還會繼續上揚。

1945年8月14日，日本投降。平均指數在8月9日到達最後的底部161.14點，此時，注意159.95點和161.14點這兩個位置，它們出現在戰爭結束時，而且指數收在了1938年的最高點之上，這點位已經支撐住了3次不同的下跌，使它們沒有觸及160點，由此可以判定，這兩個位置是重要的支撐位。

以上所有例子都證明了從重要的頂部和底部計算出的阻力位和百分比點有多麼重要，它能幫你預測出下一個頂部或底部的出現位置。我們應該將所有的時間規則、3日圖和9點擺動圖結合運用以使預測未來買賣點的時間和價位，要像分析平均指數時那樣運用所有的規則來解析個股。

158點～163點的阻力位

下面這些資料證實了這些價位對於出現極限最高點和極限最低點的頂部和底部有多重要。

1937年6月14日，最低點163.73點。

1938年11月10日，最高點158.90點。

1939年9月13日，最高點157.77點。

1945年3月6日，最高點162.22點。

1945年7月27日，最低點159.95點。

1946年10月30日，最低點160.49點。

1947年5月19日，最低點161.38點。

1949年6月14日，最低點160.62點。

這些價位附近總共出現了3個最高點和5個最低點。1946～1949年的最後3個重要的底部均出現在這些價位附近，市場在此都獲得了支撐並出現反彈。下面我們給出的指數百分比數說明了這些價位附近出現支撐位或買入點，以及阻力位和賣出點的原因。市場的頂部和底部在這些位置附近出現得如此頻繁，其中隱含著某些數學規律。

從1896年的最低點28.50點到1929年的最高點386.10點，這個區間的3/8是162.60點。

1921年的最低點64點加上其150%是160點。

1932年的最低點40.56點至1937年的最高點195.59點，這個區間的3/4是156.84點。

1932年的最低點40.56點加上其300%是162.24點。

1932年9月8日的最高點81.39點加上其100%是162.78點。

1933年10月21日的最低點82.20點加上其100%是164.40點。

1938年3月31日的最低點97.64點至1937年的最高點195.59點，這個區間的5/8是158.90點，這正好是1938年11月10日的最高點。

1939年9月1日的最低點127.51點至1942年4月28日的最低點92.69點，這個時間段的起點是第二次世界大戰爆發的時間，終點是隨後出現的極限最低點，期間指數跌幅為34.82點，加上127.51點，就得到了162.33點。

1945年3月26日的最低點151.74點至極限最高點213.36點，這個區間的1/8是159.47點。

1946年，最高點213.36點，這個指數的75％是160.02點。

以上我們列出了10個阻力位，並證明了為什麼市場會在這些價位附近見頂或見底8次。1949年6月14日指數第3次到達這個位置，以及到7月18日撰寫本文為止指數反彈至174.40點這些事實均說明指數處於強勢，但如果指數收在了160點以下，就是市場下跌的明確信號。因為這將是指數第4次到達這個價位，而由我們的規則可知，此時股市必將繼續下跌。

第十章

紐約證券交易所的成交量及股市回顧

　　本章中所收集的紐約證券交易所的成交量是對我的著作《新股票趨勢探測器》第81頁內容的延續，它將我對成交量的研究往前推進到了1949年6月30日。

　　起始於1932年7月8日的牛市一直持續到了1937年3月10日，在這個區間內平均指數上漲了155點。

　　1936年，紐約股市成交量逐漸放大，其中尤以1月和2月為最。1938年全年的成交量達到了496,138,000股。

　　1937年，1月、2月和3月的成交量很大，而1月分的成交量更創下全年最高。自3月起，市場開始下跌後，成交量逐步萎縮到了8月分的17,213,000股。10月分指數大突破，成交量隨之放大到了51,000,000股以上。1937年全年的成交量是409,465,000股，對比1936年，大幅度減少。

　　1938年，指數在3月31日到達最後的底部，與1937年的頂部間隔時間為1年多一點，這輪熊市的總成交量是311,876,000股。

　　1938年4月～1938年10月，指數在這個小牛市中上揚了61點，成交總量為208,296,000股。10月，成交量放大到了41,555,000股，這不僅是當年最大的成交量，也是自1937年3月以來最大的月成交量，它表明大家在市場上

漲時已經買入過度，所以股市即將見頂。而事實上，也正如我所言，平均指數果然在此遭遇到了阻力位。

從1938年11月的最高點開始，指數一路跌到了1939年4月11日，跌幅達39點，期間成交量111,357,000股。1939年3月的成交量是24,563,000股，而且在4月分繼續減少，並在6月分萎縮到了年度的最低點。

1939年5月～1939年9月，指數共上漲了37點，這一時期成交量是117,423,000股。9月1日第二次世界大戰爆發，從這一天至13日指數上揚了30點，9月分的成交量是57,089,000股。這是自1937年1月來的最大月成交量，它說明大家在股市上揚時買入過度，而行內人士則正在抓緊拋售。指數未能突破1938年11月10日的最高點，這是頭部的信號，也是一個賣出點。大成交量往往意味著頭部隨之到來。

1939年9月～1942年4月28日，平均指數下跌了64點，總成交量為465,996,000股，並在1940年和1941年繼續萎縮。至1941年，成交量已從1936年的496,138,000股萎縮至170,604,000股，這意味著套現潮進入尾聲。在1942年的2月分、3月分和4月分，成交量大約是800萬股或略少一些，這意味著拋壓結束，市場正處在底部並即將走高。

1942年5月～8月，月平均成交量繼續低於800萬股，這說明套現盤中已有少量買盤開始介入。1942年全年的成交量僅有125,652,000股，儘管到該年度末成交量開始有所放大，依然沒能阻止它創下多年來成交量的最低值。

1943年，成交量暴增至278,000,000股。

1944年的成交量為263,000,000股。

1945年，市場繼續上揚，總成交量達到了375,000,000股，是1938年以來成交量最大的一年，巨大的成交量也說明牛市即將結束。

1946年1月，成交量51,510,000股，創下自1937年3月以來最大的單月成交量，它表明股市頂部即將出現。從2月初的最高點開始，平均指數僅上揚了5點，便到達了1946年5月29日最後的頂部。

這輪大牛市時間起始於1942年2月28日，在1946年5月29日結束，股指總計上揚了120點，總成交量1,001,790,000股。在牛市的最後一年放出巨大成交量，說明這輪行情已近尾聲。

1946年6月～10月30日，平均指數下跌了53點，成交量為136,955,000股。這是一場短時間內的大跌，而6月、7月和8月成交量一直徘徊在20,000,000股左右。

9月，當市場向下快速破位時，成交量超過了4,300萬股；10月，市場跌至底部，成交量只有3,000萬股，此後，成交量繼續萎縮。

1946年10月30日～1947年2月，指數總共上漲了27點，成交量稍稍超過1億股。

1947年3月～5月19日，市場下跌了27點，成交量為60,576,000股。當市場跌至5月分的最低點時，成交量萎縮到了2,000萬股，這說明市場的套現壓力並不大。

1947年5月19日～7月25日，平均指數下跌了約28點，總成交量為42,956,000股。僅7月分一個月的成交量就有25,473,000股，是當年最大的單月成交量，這說明投資人們又在逢頂部買入，因此必然會出現調整。

1947年7月25日～1948年2月11日，平均指數下跌了大約25點，總成交量是139,799,000股。2月分的成交量低於17,000,000股，創下幾個月以來的最低記錄，此時的市場變得異常沉悶，波幅狹窄，而且交投清淡，這一切都說明市場賣壓並不沉重，更何況平均指數獲得的支撐位要比1947年5月的高，所以反彈必將馬上出現。

1948年2月11日～1948年6月14日，市場出現了一波30點的上升行情，總成交量131,296,000股。2月分的成交量略低於17,000,000股，而5月分的成交量是42,769,000股，這也是自1946年9月以來最大的單月成交量。平均指數漲至以往賣壓區時所出現的巨大成交量說明市場正在接近頂部。6月，總成交量略少於31,000,000股，這說明投資人們多已在5月分載滿股票，所以隨著市場的上揚，買力卻在逐步下降。

　　1948年6月14日～1949年6月14日，平均指數下跌了大約34點，總成交量246,305,000股。1949年2月，成交量再次跌到了大約17,000,000股，而到1949年6月，總成交量是17,767,000股，與1948年5月分將近43,000,000股的成交量相比大幅萎縮，這代表著市場的套現盤已基本消耗完畢，再加上平均指數已經跌到了1946年10月以及1947年5月時的最低位，所以這裡形成了一個買入點。你會發現到1947年的總成交量是253,632,000股，而1948年的總成交量是302,216,000股，其中大部分成交量是出現在2月～6月的上升行情中。

　　1949年頭6個月的成交量是112,403,000股，比1948年全年總成交量的1/2還要低很多。

　　如果到1949年的下半年，股票市場能夠再上揚，那麼成交量放大的可能性就會被大大提高，甚至有望在年底時達到與1948年相同的價位。

　　要記住，只要你想投入股市，就不要忘記研究月成交量和週成交量，同時還要將研究結果與其他所有的規則結合起來運用。

紐約證券交易所的月成交量和年成交量

（單位：千股）

	1936年	1937年	1938年	1939年	1940年	1941年	1942年
1月	67 202	58 671	24 154	25 183	15 987	13 313	12 998
2月	60 884	50 248	14 525	13 874	13 472	8 970	7 924
3月	51 107	50 346	22 997	24 563	16 272	10 124	8 554
4月	39 610	34 607	17 119	20 245	26 693	11 187	7 588
5月	20 614	18 549	13 999	12 934	38 965	9 669	7 231
6月	21 429	16 449	24 368	11 967	15 574	10 462	7 466
7月	34 793	20 722	38 771	18 068	7 305	17 872	8 375
8月	26 564	17 213	20 733	17 374	7 615	10 873	7 387
9月	30 873	33 853	23 825	57 089	11 940	13 546	9 448
10月	43 995	51 130	41 555	23 736	14 489	13 151	15 932
11月	50 467	29 255	27 926	19 223	20 887	15 047	13 436
12月	48 600	28 422	27 492	17 773	18 397	36 390	19 313
—	—	—	—	—	—	—	—
合計	496 138	409 465	297 464	262 029	207 596	170 604	125 652

	1943年	1944年	1945年	1946年	1947年	1948年	1949年
1月	18 032	17 809	38 995	51 510	23 557	20 217	18 825
2月	24 432	17 099	32 611	34 095	23 762	16 801	17 182
3月	36 996	27 645	27 490	25 666	19 339	22 993	21 135
4月	33 554	13 845	28 270	31 426	20 620	34 612	19 315
5月	35 049	17 229	32 025	30 409	20 617	42 769	18 179
6月	23 419	37 713	41 320	21 717	17 483	30 922	17 767
7月	26 323	28 220	19 977	20 595	25 473	24 585	
8月	14 252	20 753	21 670	20 808	14 153	15 040	
9月	14 985	15 948	23 135	43 451	16 017	17 564	
10月	13 924	17 534	35 474	30 384	28 635	20 434	
11月	18 244	18 019	40 404	23 820	16 371	28 320	
12月	19 528	31 261	34 150	29 832	27 605	27 959	
—	—	—	—	—	—	—	
合計	278 738	263 075	375 521	363 713	253 632	302 216	112 403

第十一章

15種公用事業股平均指數

　　在羅斯福總統執政期間，因政府千方百計進行壓制，公用事業一片蕭條。羅斯福總統卸任後直至今天，隨著時代的發展，公用事業已獲得了公平的待遇，而且前景看好。下面我們來回顧一下1929年至今的公用事業股平均指數歷程，這會非常有趣。

　　1929年9月，最高點144.5點；11月，最低點64.5點。

　　1930年4月，最高點108.5點。

　　1932年7月，最低點16.5點；9月，最高點36點。

　　1933年3月，最低點19.5點，高於1932年7月分的最低點3點，說明市場向好，事實也的確如此。

　　1933年7月，最高點37.5點，高於1932年9月的最高點1.5點。

　　1935年3月，最低點14.5點，比1932年和1933年的最低點都要低，這代表著市場的套現壓力即將消失，隨後就會出現一輪漲勢，事實驗證了這一判斷。

　　1937年2月，最高點37.5點，又回到了1933年的最高點，這裡存在著阻力。

　　1938年3月，最低點15.5點，高於1935年的最低點1點。

1939年8月，最高點27.5點，仍低於1937年8月分的最低點，說明大勢向下，指數繼續下跌。

　　1942年4月，最後的最低點10.5點。市場在一個狹窄的交易區間內運行了幾個月後最終突破了1942年6月和1942年10月的最高點，這代表趨勢將會向上。市場繼續上揚，直至1945年，平均指數已經連續突破了1933年、1937年和1939年的最高點。

　　1946年4月，最後的最高點44.5點，正好與1932年2月的最高點相同，這裡是一個自然的阻力位。

　　1946年10月，最低點32.5點；1947年1月，最高點37.5點。

　　1947年5月，最低點32點；7月，最高點36.5點。

　　1948年2月，最低點31.5點，低於1946年10月的最低點1點，又回到了1945年8月相同的最低點。

　　1948年6月和7月，最高點36.5點，指數回到了1947年7月的最高點。

　　1948年11月和12月，最低點32.5點，相對1948年2月的底部有所抬高。

　　1949年4月和5月，最高點36.5點，回到了過去的頭部區域。

　　6月14日，最低點33.75點，高出1948年12月的底部很多，說明市場獲得了良好的支撐。只要平均指數能穩定在33點上，它就可以繼續上揚，而如果指數突破36.5點，就說明它處於強勢。如果指數能收在38點以上，即高於1947年的頭部，那麼它就可能漲到44.5點，也就是1946年的最高點。就走勢上來說，公用事業股平均指數要比鐵路股平均指數，甚至工業股平均指數都強。在下一個牛市到來時，這個板塊將領漲大盤。對於公用事業股平均指數來說，只有跌破31.5點時，才意味著它會繼續走低。

　　對於平均指數的轉勢來說，1949年8月這個日期尤為重要，如果那時它能突破頭部，並表現出向上的趨勢，就可能會一直漲到1950年的春天。

巴倫航空運輸股平均指數

這個板塊的股票勢必會成為未來的領漲股，若想進行長期投資，研究該板塊之中的每一家公司是必備工作。回顧航空運輸板塊的平均指數非常重要，我們可由此看出航空公司未來的市場趨勢。

1937年1月，最高點27.75點；1938年3月，最低點7.5點。

1940年4月，最高點34.5點；1942年4月，最低點13.5點。

1943年7月，最高點43.5點。1943年12月，最低點32.5點，此時指數正好處在1940年4月的最高點之下，說明市場處於強勢，所以隨後就出現了一輪快速上揚的行情。

1945年12月，最高點91.5點；1947年1月，最低點37.5點。

1947年4月，最高點46.5點。1947年12月，最低點30點，甚至低於1943年12月的最低點，表明市場會先上揚回補這個底，然後再跌到低於這個底的價位。

1948年4月，最高點39.25點；1948年11月，最低點25.5點。

1949年3月，最低點25.75點；1949年6月，最低點32.09點。

指數站在了1948年11月的最低點之上，說明市場處於強勢，隨後便出現了一波反彈。

看著航空運輸板塊平均指數的底部在過去的幾年裡逐步抬高，這讓人感覺十分有趣。

1938年，股指最低點為7.5點；1942年，最低點為13.5點；1948年，最低點為25.5點，而到了撰寫本文時的1949年6月，最低點是32.09點。指數的底部在過去的幾年中不斷上升，換言之，底部逐漸抬高，這預示著今後指數必將走高。我認為，航空運輸板塊必將領漲下一輪牛市，而在這個板塊

中，我最看好的領漲股是美國航空公司（American Airline）、泛美航空公司（Pan American Airways）、西北航空公司（Northwestern Airways）、東方航空公司（Eastern Airlines）和大陸運輸公司（Transcontinental）以及西方航空公司（Western Airlines）。如果非要讓我從這些公司中選出兩家在我看來最好的，那麼我會選擇東方航空公司和泛美航空公司。原因是，這些公司一向管理出色，盈利狀況良好，所以一定會成為未來的領漲股。我認為，不久後，大航空公司兼併實力較弱的小航空公司將成為一種趨勢，這場兼併浪潮的最終結果是，會產生三至四家控制全美國的大航空巨頭。而那些買進並持有航空公司股票的人們，一旦兼併出現，航空業的收益必將大幅上升，公司將迅速成長起來，而你們也將因此獲得豐厚利潤。

小盤股

在過去的幾年當中，每當牛市出現，流通盤小的股票就會遠超過那些流通盤大的股票，表現出驚人的漲幅。與大盤股相比，支撐小盤股不需要那麼多的資金量，所以，當賣方惜售，它們的供給減少時，無需太多購買力就能推動其股價上揚。

樂趣製造公司

樂趣製造公司（Joy Manufacturing Company）歷史悠久，實力雄厚，他們一向管理有方，且從未過度擴張。1949年，它的盈利大增，前景極佳。極為可觀的盈利加上該公司的流通股小於100萬股，這意味著，一旦牛市出現，公司股票就很可能會大幅上揚。我們回顧一下它的歷史走勢：

1941年9月，最高價14美元。

1942年8月，最低價7.5美元。

1943年6月和7月，最高價12.5美元。

1943年12月，最低價9.75美元。

1945年5月，最高價30.25美元。

1945年8月，最低價22.75美元。

1946年4月，最高價34美元；10月，最低價18.25美元。

1947年10月，最高價40.5美元。這是該股截至當時的最高價位。這個價位遠高於1946年的頂部，由此判斷這檔股票應該正處於強勢。

1948年2月，最低價31.5美元，仍然在1945年5月的最低價之上。

1948年6月，最高價43.5美元，這是個比1947年10月的最高價高3點的新高。

1948年9日，最低價30.5美元，股價在1945年5月的同樣價位上獲得了支撐，而且比1948年2月的最低價低1點。

1949年3月，最高價40美元，正好低於1947年的最高價。

1949年6月，最低價31.5美元，與1948年2月的價位相同，而且比1948年11月的最低價高出1點。只要這檔股票站在了30.5美元之上，就可以繼續上揚，而突破36.5美元說明它的走勢更強，如果什麼時候它報收在40.5美元之上，就說明它將獲得更高的價格；可能會漲到43或43.5美元以上。我推薦大家購買這樣的股票，同時不要忘記設置停損單來保護資金安全，一旦趨勢反轉向上時，它就會給你帶來巨大的利潤。

第十二章

股市的看跌期權、看漲期權、認股權和權證

　　許多人不明白什麼是看跌期權（Puts），看漲期權（Calls），也不知道怎樣買入和賣出期權，這裡我來為大家解釋一下：看漲期權指的是以30天、60天、90天或180天為期限，以某個固定價格買入某檔股票的權利。根據股票的價格和市場情況，你將支付140美元～250美元作為期權費（Premium）。在看漲期權上，你損失的最大限度是你為此支付的費用，有效期從你買進的那天起至期權到期日為止。舉例來說，假設你買入了美國鋼鐵公司（United States Steel）的執行價格為22美元的6個月到期的看漲期權，並支付了140美元的期權費，那麼，無論美國鋼鐵公司在6個月的時間裡如何下跌，你最多只損失140美元的期權費，但是，如果什麼時候美國鋼鐵公司上漲至30美元的價位，那你就可以按30美元賣出這檔股票，最後你得到的利潤就是800美元減去期權費成本和佣金後的差額。

　　假如你手中持有一手美國鋼鐵公司的看漲期權，而且該股已經從22美元漲到了26美元，你已經從中獲利，但你判斷它可能不會再繼續上漲了，那麼你還有另一個選擇：做空50股，這除了僅能讓你收回成本，還能讓你獲取一筆小小的利潤。而如果股價繼續上揚，你可以用手中的50股多頭倉位賺錢。反之，假設股價跌到了23美元，而你認為這個股價已經跌得足夠

低了，於是就回補50股的空頭倉位，到此每股就賺了3美元，那麼，即使這檔股票又重新上漲，並在期權到期日前漲到了30美元或更高，你仍然可以獲得全部100股股票所帶來的全部利潤。

購買看跌期權或看漲期權還有另外一個目的，那就是為了保護投資。假如說你是美國鋼鐵公司股票的多頭，而此時該股股價大約是22美元，而你預期在今後幾個月內，它會跌至16～15美元，要想避免損失，有一個好辦法，那就是購買看跌期權，並支付140美元的期權費。如果在此期間，美國鋼鐵公司的股價跌到了16美元，那麼你以這個價格交割，你在股票多頭位上的損失就僅限於期權費。而且，在交割空頭的同時，你還可以買進這檔股票，這樣你就可以在持倉成本大大降低的情況下仍然做多頭。

看跌期權

看跌期權是指在期權合約的有效期（不管這個有效期是30天、60天、90天還是6個月）內，你可以隨時以固定價格交割或者賣出100股或更多股票的權利。假定克萊斯勒（Chrysler）的當前股價為50美元，而你認為這檔股票還會跌，就可以買入執行價格為50美元的看跌期權，有效期為6個月。為此，你可能要支付187.50美元至200.00美元的期權費，當然，你很有可能會將這筆期權費都賠進去，但這是你損失的上限。我們假定在這6個月內，克萊斯勒跌到了40美元的價位，那麼你就可以買進股票，然後按50美元的執行價格交割，這樣一來，你就能得到10點減去看跌期權的期權費以及佣

> 習慣的鏈條在重到斷裂之前，總是輕到難以察覺！
>
> ★ 巴菲特

金後的差額作利潤。如果你十分偏愛克萊斯勒的股票，而它現在跌到了每股45美元，而你認為股價已經足夠低了，那麼你還可以逆向買進50股。如此一來，即使股價繼續下跌，你這50股仍能給你帶來利潤，而如果股價調頭上揚，超過了50美元，那麼這50股就能帶給你5點的利潤。這就是人們常說的看跌期權或看漲期權的抵補交易（Trade Against Put and Call）。

當你買入看跌期權或看漲期權時，先要到某個股票交易所辦理登記和擔保。無論股票的價格漲跌多少，你都是以你買入的看跌期權或看漲期權的執行價格交割。如果不買入期權就無需繳納任何保證金，在買入期權後則需要將相應額度的例行保證金抵押在交易所，至股票交割後保證金還會按比例退還。你可以從任何一個經紀人那裡得到有關買入看跌期權或看漲期權所需的資訊，以及根據看跌期權或看漲期權交割或接受交割時的具體情況要求繳納的保證金數額，而且看跌期權或看漲期權是透過紐約的看跌期權或看漲期權經紀人進行交易的，只要你願意，就幾乎可以在任一時間獲得差不多所有活躍股在30天至6個月後的報價。在我看來，看跌期權或看漲期權這類交易途徑既有利可圖又比較安全，因為在這個過程中你最大的損失也就是很小的一筆錢，可只要你所交易的股票漲跌趨勢與你的預測相同，那麼你就能得到不可估量的利潤。

認股權和權證

許多人並不瞭解認股權（Rights）和權證（Warrants），也不知道怎樣交易它們。你只需用很小的一筆錢就能買進有效期很長的權證，現在有些權證交易的有效期可以一直延續到1955年。

權證是一種證券，持有人有權在一段固定的時間內買入某公司一定數

量的股票或者該股票的看漲期權，它與同股票的看漲期權唯一不同的一點就是有效期更長。

　　無論哪家紐約證券交易所註冊的經紀人都能為你提供權證交易的資訊，也可以代理權證交易和買賣。在蕭條時期買進權證是最划算不過的，因為此時股票的價位很低，而權證的價位也很低，而後等到在牛市的末期，股票的價位高漲時，在高位拋出獲利。

　　某些希望增加股本的公司可以透過發行權證來調整控股比例，使之更加合理，此外，還能在一段時間內，以管理者決策的價格出售所增發證券。

　　因為一般情況下權證的有效期都比較長，所以，投資者和投資人們其實是將其當作股票看漲期權來進行買賣的，這種金融工具有內在的高槓桿優勢，

　　這種槓桿特徵使權證成為一種投機手段，尤其是近些年來，它們的價格波動幅度遠大於普通股。如果從幅度的百分比考察，這點尤其明顯。

　　此外，只要股價的總體指數在上揚，那麼，對於那些在不確定的時候進行投資的人，以及對那些只願意進行小額投資的人來說，有些權證就十分有用，這些投資的實質就是在買入股票的看漲期權，並為這種交易支付一筆期權費。

低風險、高利潤

　　當你買入任何一檔股票的權證時，你損失的上限不過是為權證支付的期權費。權證會隨著股票的上漲也一起上漲，因此你不必（按照權證的規則）買入股票或執行你的權證，就可以從權證上賺錢。

接下來我們來看一些買進權證獲利的例子。

三角洲公司

三角洲公司（Tri-Continental Corporation）是一家普通的信託投資管理公司，其股票交易一直十分活躍。1941年和1942年，其權證的價格低到每份3.2美分，而在1936年，其售價曾高達5.375美元。如果你在1941年或1942年投資1,000美元，買進這檔權證，那麼你就會擁有32,000份權證，然後在1946年以5美元的價格賣掉，那麼它們將價值16萬美元，也就是說，你在4年時間裡，用1,000美元賺了15,000美元，當然還要記得扣除佣金；不過這個數目簡直微乎其微。

梅里特-查普曼＆斯科持公司

梅里特-查普曼＆斯科持公司（Merritt-Chapman＆Scott）是美國領先的承包商之一，它承接國內外各種建築工程，其普通股交易十分活躍，並且每年還派發1.60美元每股的紅利。

在1938年、1939年、1940年、1941年、1942年和1943年，其股票權證曾跌至每份0.25美元和0.375美元。而到了1946年，權證卻賣到了12.5美元。如果你在這種權證賣0.25美元的時候投資1,000美元，就可買到40,000份權證，然後在1946年以12美元的價格賣出，那麼它們將價值48,000美元，換句話說，你用1,000美元的投資，獲取了47,000美元的利潤。

我是個現實主義者，我喜歡目前自己所從事的一切，並對此始終深信不疑。作為一個徹底的實用現實主義者，我只對現實感興趣，從不抱任何幻想，尤其是對自己。

★ 巴菲特

大力神公司

大力神公司（Atlas Corporation）是一家從事投資、信託和控股的公司。

1941年和1942年，其股票權證僅賣每份0.25美元，即25美分。而到了1946年，其售價則高達每份1.625美元。如果1942年在這種權證賣0.25美元的時候投資1,000美元，就可以買到4,000份權證。然後在1946年初，以13美元的價格賣出，那麼，總值可達52,000美元，也就是說，用1,000美元的投資可以帶來賺上51,000美元的利潤。

上面所列舉的這些利潤並不是特例，其他不同類型的股票權證也同樣可以讓你獲利豐厚。

下面這份清單，記錄的是在紐約證券交易所和紐約場外交易所中交易活躍的權證和認股權，截止日期大約為6月30日。

紐約證券交易所和紐約場外交易所的活躍權證

有價證券	年度	股票與權證的可比價格	
		價格變動區間（美元）	時下價格（美元）
百瑞爾（A.C.F. Brill）公司	1944～1949年		
股票		19～2	2
權證（1950年1月1日每份12.5美元；1955年1月1日每份15美元）		11.25～0.75	0.75
美國與海外動力公司	1929～1949年		
股票		199.25～0.25	1.63
權證（任何時候都是每份25美元）		174～0.03	
大力神公司	1936～1949年		
股票		34.38～5.75	20
權證（任何時候都是每份25美元）		13.63～0.25	4.38
科羅拉多燃料與鋼鐵公司	1936～1949年		
股票		25.88～4.25	12.5

權證（1950年2月1日每份17.5美元）		12.25～0.25	0.88
聯邦與南方公司	1930～1949年		
股票		20.25～0.13	3.5
權證（任何時候都是每份30美元）		6.25～0.005	0.06
電力與照明公司	1926～1949年		
股票		103.25～0.63	24.75
權證（任何時候都是每份25美元）		78.12～1.06	8.25
哈斯曼與萊戈尼爾公司	1945～1949年		
股票（1947年7月一分為二）		18.25～9	10.25
權證（1950年5月15日每份8.45美元）		14.75～3.25	4
梅里特-查普曼與斯科特公司	1936～1949年		
股票		27.75～1.25	18.12
權證（任何時候都是每份28.99美元）		12.5～0.25	4.5～5.5
尼亞加拉哈得遜公司	1937～1949年		
股票		16.88～0.88	9.5
權證（任何時候都是每份42.86美元）		3.38～1.03	0.19
三角洲公司	1930～1949年		
股票		20.25～0.63	6.25
權證（任何時候都是1.27份17.76美元）		9～0.03	2.12
美國聯合公司	1930～1949年		
股票		52～3.06	3
權證（任何時候都是每份27.50美元）		30.88～0.005	0.12
沃德自行車公司	1945～1949年		
股票		19.88～8.75	12
權證（1951年4月1日每份12.5美元；1955年4月1日每份15美元）		9.12～2.75	2.75

第十三章

新發現與新發明

　　縱觀人類歷史長河，每逢蕭條之後，總會出現某種新發現或者新發明來刺激經濟發展和社會進步，進而帶來另一次新的繁榮昌盛。舉例來說，富爾頓（Fulton）發明的蒸汽機和惠特尼（Whitney）發明的軋棉機就都開啟了人類發展的新時代。

　　1849年，加利福尼亞傳來發現金礦的消息，一輪淘金浪潮由此引爆，到處都是一派繁榮景象。自那時起，鐵路深入到了美國的中部和西部地區，這種新的運輸方式帶來了巨大的社會進步。

　　聖經說，舊的走了，新的會來取而代之。運河船以及公共馬車已經讓位於鐵路這種新的運輸方式，此後還出現了許多新發現、新發明以及新的煉鋼工藝，美國因此成為一個工業國家，國力取得了巨大的進步。20世紀初，汽車的發明與汽車工業的發展使運輸方式產生變革，同時也給成千上萬人帶來了新的就業機會，隨後又出現了一波化學上的發現與發明浪潮，

> 當適當的氣質與適當的智力結構相結合時，你就會得到理性的行為。
>
> ★ 巴菲特

人造纖維和相繼誕生的化工產品使社會越發進步與繁榮。就像我們在這一章開頭時所說的，當一切百廢待興時，某種新發現或新發明總能引發經濟上的復甦以及另一輪繁榮興旺。

萊特兄弟（Wright brothers）發明的飛機引爆了另一輪繁榮浪潮，它不僅使運輸速度獲得了前所未有的提高，而且還讓全世界人民為了共同的和平和發展緊密團結在了一起。飛機的出現能否帶來更大的繁榮仍有待考察，但是它在各個運輸領域內的作用正日益增強，且潛力無限卻是不爭的事實。目前飛機的使用仍受困於如何獲得更便宜的和更輕便的燃油這一難題，不過，不用擔心，這遲早會得到解決。當飛機的燃油載荷下降，有效載荷就會隨之增加，對於快遞、貨物和乘客來說，航空運輸就將成為世上最便宜，也最快捷的運輸方式，這一切必將促進經濟發展方式發生革命性變化，並帶來另一輪社會繁榮浪潮。

原子能

1945年，美國使用自己研製的原子彈贏得二戰的勝利。原子彈一方面給日本造成了巨大的破壞，導致無數人生靈塗炭；另一方面它也縮短了這場戰爭，拯救了無數本會因為戰爭的拖延而可能失去的生命。原子能（核能）開發利用的巨大潛力可能超乎普通人的理解。原子能的出現可能正好解決了航空業發展所面臨的大難題。它能給飛機提供廉價的燃料，並能將現在的燃油負載轉變為有效負載而極大地減輕飛機的重量，這不僅可以提高飛行速度，還可以增加貨物和乘客的裝載量。因為核燃料能以有限的體積儲存更大的能量，它可以給乘客和貨物更大的空間。原子能技術一旦完善，完全可能比人類所發現的其他燃料都廉價，這將會使航空運輸業發生

革命性變化，並有助於帶來更大的繁榮。不僅是原子能，太陽能和風能都可能在將來成為廉價的能源，並使製造業的各個領域都產生變革。其結果是產品的成本下降，消費者從中得益。以同樣的錢能夠獲取更多的商品，這就增強了消費者的購買力。眾所周知，當商品的成本降低的時候，消費就會增加。當物價在可承受範圍內時，我們總是儘量滿足自己的購物願望。原子能是未來廉價能源的關鍵，這項新發明給人類帶來了無限福祉和無法想像的多種可能。

第十四章

歷史上的那些投機大戶

現在，我們來一起回顧了一下發生在1893～1896年的那場橫掃全國的大恐慌，也是人們公認的美國歷史上最糟糕的時期之一。那一時期棉花在南方僅賣每磅3美分，小麥和其他商品的價格也很低，直到現在我仍然記得當時報紙上報導的囤積居奇事件，那是我第一次接觸到這個詞。

芝加哥（Chicago）的萊特（Lighter）利用囤積小麥哄抬糧價，把小麥的價格從每蒲式耳1.00美元抬高到了1.85美元，並因此而聚斂了巨額利潤，可最終還是以破產而告終。歷史上這些投機者們從發家到破產的歷史，為我們提供了古老而寶貴的經驗教訓。萊特之所以會失敗是因為他缺乏對市場變化的洞察力，他不相信會有足夠多的小麥湧入芝加哥市場進而使小麥的價格降低，而阿默（Armour）顯然比萊特料想得要聰明，他用特快列車運進小麥，破壞了萊特的囤積居奇計畫，萊特因此而破產。

人不是神仙，所以沒有人能預知意外的出現，而正是這種意外可以使人損失慘重，將賺來的錢又賠出去，因此，我們必須從他人的錯誤中吸取教訓，不要再犯同樣的錯誤。實際上，大多數人虧錢的真正原因是利慾薰心，他們過於迷信金錢的力量，妄想利用囤積壟斷市場來獲取暴利，可最終，壟斷引發的物價高漲不僅坑了消費者，投機商們也同樣難逃厄運，最

後紛紛破產，落了個害人終害己的下場。

1903～1904年，當薩利（Sully）在棉花市場中奮力搏殺的時候，我也進入了這個市場。薩利藉著買進棉花迅速累積起了一大筆財富，但他卻重蹈了很多投機者的覆轍：因一時的成功而盲目自信，過於高估自己，以為可以憑一己之力拉抬棉花的價格，最終結果是薩利爆了倉，宣告破產。

希歐多爾·普萊斯（Theodore H. Price）是那個時代的另一位棉花投機大戶，他也走了一條和薩利同樣的道路：同樣囤積棉花，同樣狂妄自大，最後也同樣沒能逃過破產的命運。不過，提起他還是會令人心生敬意的，因為我們必須承認，普萊斯之後東山再起的經歷是史無前例的；他不僅挽回了自己的巨額損失，還還清了所有的債務。另一個與薩利有類似經歷的人是尤金·斯凱勒斯（Eugene Scales）。他在棉花市場中以區區幾百美元起家，然後賺取了數百萬美元利潤可最終卻落得破產出局的下場，究其失敗原因，無外乎是他對權力的貪欲以及妄圖操縱市場的野心導致的，這與以前那個在市場中小心謹慎的他簡直判若兩人。

我們經常會看到，當一個人手裡只握有少量資金時，往往處事冷靜，小心謹慎，可當他聚斂了大筆財富以後，就常常會被勝利沖昏頭腦，全盤顛覆之前的操作風格。斯凱勒斯固執得要命，他從未想過會出現什麼意外，也從未想過市場終會見頂，他不斷買入棉花，希望而且一味地相信棉花的價格會持續走高，最終不出意料地落得破產的下場，在貧困中黯然離世。

傑西·李佛摩（Jesse L. Livermore）是那個時代最大的投機者之一，他在股票市場和商品期貨市場中賺了上千萬美元。他有過好幾次破產經歷，每次都受到徹底清算，而且有幾次他在破產清算後還要繼續償還債務，但李佛摩是個可敬的人，即使法庭免除了他的債務，他依然堅持還

債。1908年我第一次與李佛摩碰面，再見面時是1913年，當時他是默里‧米切爾公司（Murray Mitchell & Company）的經營者，後來這家公司倒閉了，我因此賠得一乾二淨。1917年，當李佛摩東山再起並賺到一大筆錢後，他歸還了包括我在內的所有人因默里‧米切爾公司而損失的錢。我很佩服李佛摩這種正直、誠實的高尚品格，因此，當1934年他再次破產時，我不僅自己出錢，還說服他人一起集資幫他度過了難關，後來李佛摩再次捲土重來，而且又賺到了錢。但是李佛摩有一個很大的一個弱點，那就是他只學習如何賺錢，其他一概不管，所以，他自然也就不懂得如何保存資金。他貪心，權力欲強，所以一旦賺到一大筆錢就開始進行冒險投機，而且總是試圖讓市場追隨自己的意願，而不肯耐心等待市場自然地轉勢。李佛摩一次又一次的發了大財，可最終還是破了產，最後他選擇了自殺作為自己的歸宿。為什麼一個像李佛摩那樣已經賺取了巨額利潤的人最終卻保不住自己的財產呢？答案是，因為每次發財後他都控制不住自己對錢的貪念，每次都妄圖掌握市場。他想要支配一切，可天有不測風雲，事事總是無法盡遂人意，最終只能落得個傾家蕩產。

克勞福博士也是一位著名的案例，同樣也是多次聚斂起巨額利潤然後又賠得一乾二淨。1932年他以幾千美元的本錢東山再起，賺錢速度可能比市場上所有投資者都要快。據說，在1933年市場處於高位時，他的帳面資產高達3千萬～5千萬美元。他買進所有的食品期貨，不僅在美國，在國外他也深陷於股票市場之中，結果，1933年7月18日，所有商品期貨市場的突然崩盤，克勞福博士輸了一個精光。為什麼一個像他這樣一個大富翁卻會爆倉？答案其實很簡單：因為他沒想到，竟然有人可以源源不斷地拿出憑他的財力無法吞掉的穀物和其他商品。他一心認定這些商品的價格可以沒有任何調整地直線上揚，卻忘了價格走勢會出現波動的必然性。於是，

他將「謹慎」二字拋到了九霄雲外，不斷地買進，直至末日來臨才被迫平倉，承受違背投資規則而導致的唯一結果——失敗。過度交易，將謹慎忘得一乾二淨，從不考慮會出現意外，這是所有投機者最易犯的錯誤，顯然，克勞福博士也在這一點上吃了虧。

新奧爾良（New Orleans）的喬丹（Jordan）是近期出現的大戶，但他還不能算是史上最大的作手。據報導，他在1946年前以300美元的本錢起家，藉由在棉花市場中的交易而獲得了巨大利潤。但他同樣沒能逃過上述的命運，最終也是以破產收場。他為什麼也會破產呢？因為他相信棉花的價格會不斷上漲，他看不到任何頂部，也不懂得鎖定利潤。我聽說喬丹曾對別人說，他認為棉花會漲到內戰時期的每磅1.89美元的高價，由此可以看出，他要嘛是不記得了，要嘛是壓根不懂供需關係規律。他和他的追隨者們一起不停地買進，買進，直至滿倉，然後當大家都要拋售時，卻發現所有人都成了賣家，根本就沒有買家。1946年10月9日，10月分的棉花合約從最高點3,928點開始滑落，在不到一個月的時間裡就跌到了1946年11月7日的2,310點。不但喬丹賠了精光，他的追隨者也蒙受了慘重的損失，即使美國政府出面干預都無法阻止棉花市場的下跌之勢，最後，為了救市，美國政府、證券交易機構和其他投資人不得不請出了安德森（Anderson）和克萊頓（Clayton），讓他們承接了喬丹及其追隨者手中的棉花合約。與其他投機者如出一轍的是，喬丹也從未對市場進行過研究，不知道棉花價格上漲到多少時就代表著出現了異常。如果他能仔細研究一下以往戰時，尤其是第二次世界大戰時的棉花價格，就會發現，每磅43美分，7月期權4

永遠不要問理髮師你是否需要理髮！

★ 巴菲特

,375點，早已處於非正常的價位。此外，如果他回顧一下1923年的棉價，就可以發現棉花曾在11月30日在37.5美分左右的價位上見頂，並可以從這些記錄中瞭解到每磅37.5美分～39美分是非正常價位，而這種情況只會在戰時出現，在這種特殊局面下生成的價格往往都是不正常的。如果他曾認真考慮這些因素，那麼不僅能賣出棉花的多頭合約，及時保護盈利，還能反向做空頭再獲取一筆豐厚利潤；如果他懂得市場的規則和基本原理，那麼不僅能知道最後幾週棉花價格漲勢微弱，代表著有人正在無限量地做空，而且還能夠脫身的時候開始放空。可惜，他沒能戰勝一廂情願的等待——這一股市中最大的敵人，於是就一直持倉直至大廈將傾。他之所以沒能擺脫如其他投機者的悲慘命運，還因為形勢的發展超出了他的預料，別人拋出的空單數量比他能買的要多得多。而公眾的跟風熱潮也成了壓垮駱駝的稻草：當他開始炒作時，追隨者們也跟著炒作；當他打算退出時，追隨者們也一起跟著退出。

　　無論你是一個普通人、投資者，還是一個投機商或交易者，都能從歷史上那些曾聚斂了無數財富轉頭又統統輸掉的投機者身上學到一些經驗教訓。你應該分析這些投機者為什麼會失敗，看他們違背了哪些市場規則，以避免自己走上同樣的道路，以此來獲得賺錢並保住盈利的機會。切記，絕不能過度交易。其次，要學會使用停損單，一份能夠在某個價位上自動成交的停損單不但可以保護本錢，還可以保住盈利。只憑主觀希望和恐懼心理行事是入市者的大忌，因為若是一個人僅憑主觀願望買入並持倉，那麼最終他只會在最恐懼的時候才平倉，到那時一切就都來不及了，要堅持按照市場的運行實際資料進行交易。

　　世事無法盡如人意，但我們必須讓自己面對事實，只有客觀理智的人，才有可能在股票和商品期貨的買賣中取得成功。市場的趨勢總是在不

斷變化，我們要牢記這些趨勢，並懂得隨機應變，此外，還要學習在過去的市場中總結出來的交易規則，並在未來的市場操作中加以應用，這些，都是成功的必備條件。

上述我們列舉的案例都有相似的經歷：都曾賺過大錢，然後賠得精光。但顯然這不能代表所有的投機者，要知道，凡事總有例外，有些人不僅賺到了錢，還成功保存了勝利果實，而他們的祕訣就是遵循正確的市場規則。

那些既賺了錢又保存了勝利成果的人都是誰呢？伯納德‧布魯克（Bernard Baruch），這位已經退休的老人，至今仍擁有數百萬美元的家產，這其中絕大部分是他依靠股票市場中的投資和投機賺來的。本‧史密斯（Ben Smith）是在近幾年中崛起的另一位高手，他也賺到了錢並成功守住了錢。同樣，另一位大戶伯持‧卡斯翠斯（Bert Castles），直至去世也沒有把賺來的錢賠回去。想知道卡斯翠斯是怎麼做到這點的嗎？原來，卡斯翠斯在建倉的時候，總會在離買入或賣出價位5點處設置停損單。如果他判斷失誤，不會有過多的損失；如果他判斷正確，帳面利潤就會不斷增長，直到他找到確實的理由將這些利潤變現。

每個成功的投資者都有確定的計畫和規則，並會嚴格遵守，所以，如果你也渴望成功，首先要做的，就是學習正確的規則，並在股市中執行這些規則。

我可以列出很多既賺到了大錢，又保住了勝利果實的成功案例。那麼，與那些賺了大錢然後輸個精光的投機分子相比，這些人所遵守的交易規則有哪些不同之處呢？答案就是，這些聰明的行家、投機商或投資者——你想怎樣稱呼他們都行，都是遵循一定市場規則的人，無一例外。他們學會了如何研判股票或商品的趨勢，並在正確的時候買進；他們不是

莽撞行事，知道能在何時獲利；他們知道意外隨時存在，從不過度交易；他們不會跟風操作，只會選擇屬於自己的恰當時機。這不是僅憑判斷和猜測就能做到的。他們要嚴格遵循系統化的規則；要從浩如煙海的資訊中選出對自己有用的；要時刻保持謹慎且絕不過度交易。這就是他們既賺了錢又能保住錢的祕訣所在。所有投資者都應在交易的時候記住，他每一筆下單都可能出現失誤，為了糾正錯誤必須設置停損單，只有這樣才可以減少損失。除非一個人已經明確了他要在即將開始的交易中冒多大的風險，以及最多會賠多少錢，否則他就不應開始投機操作。因為如果不知道這些基本的規則，那麼他遲早會因為意外事件的出現而爆倉。

我寫此書的目的不是要把財富之路描繪為一條鮮花鋪就的輕鬆旅途，因為財富之路從沒有捷徑可走；這是我的切身體會。我的目的是要告訴你事實，並教給你有效的實際規則。只要你能花時間好好學習這些規則，耐心等待合適的機會，並在正確的時候進行果斷的交易，就一定會取得成功。我們知道，在生活中，只有付出才有回報，同理，只有那些願意花費時間和金錢來獲取知識，永不滿足地堅持學習，絕不驕傲自滿的人，才能在投機或投資中獲得成功。我寫作本書的初衷是要本著實事求是的宗旨，是要將我在45年的股票和商品期貨交易中的經驗傾囊相授，同時，指出大家的弱點和易犯的錯誤，以免你在股市中遭遇災難。

投機可以獲利。如果你能遵守規則，時刻提醒自己可能會發生意外並做到未雨綢繆，那麼你就可以在商品和股票市場中披荊斬棘，獲利頗豐。

第十五章

超跌的股票

　　道瓊工業平均指數僅從1946年的最高點下跌了25％的時候，與此同時，很多個股卻從1945年和1946年創紀錄的最高點下跌了75％～90％。股票市場提前6個月或在更早之前就陷入了行業性的下跌之中。在整個行業都不景氣的時候，還會有股票保持上行走勢嗎？答案是有。這種情況過去曾出現過，今後也會再次出現。

航空板塊

　　這個板塊中的股票比其他任何一個板塊中的股票跌幅都大，但是，我們不要忘了，航空業是一個新興產業，有很大的成長空間，也充滿希望，所以這個板塊的股票不僅一定會上漲，遲早還出現驚人的漲幅。未來，航空板塊的股票必將成為股市的領漲股之一。

下面大家看到的是近年來航空板塊個股的峰頂和波谷的價位表：

美國航空 (American Airlines)	1945年	頂=95.5	1948年	底=6
貝爾飛機 (Bell Aircraft)	1946年	頂=35.5	1948年	底=10.75
奔迪克斯航空 (Bendix Aviation)	1945年	頂=63	1949年	底=26
布蘭尼夫航空 (Braniff Airlines)	1945年	頂=37.5	1949年	底=6
東方航空 (Eastern Airlines)	1945年	頂=134	1948年	底=13
（1946年拆股後頂部價位為31.5美元）				
國家航空 (National Airlines)	1945年	頂=41.75	1938年	底=4
西北航空 (Northwest Airlines)	1945年	頂=63.75	1949年	底=7
泛美航空 (Pan American American World Airways)	1946年	頂=29	1948年	底=8
環球航空 (Trans-World Airways)	1945年	頂=79	1948年	底=9.5
聯合航空 (United Airlines)	1945年	頂=62.5	1948年	底=9.5

（股份單位：美元）

其中最具購買價值是東方航空、泛美航空和聯合航空等三家航空公司的股票。

其他超跌的股票

下面大家看到的是已經跌到深谷中，並有可能在下一輪牛市中上漲的股票：

吉貝爾兄弟 (Gimbel Bros.)	1946年	頂=73.75	1949年	底=12
洛克希德 (Lockheed)	1946年	頂=45.5	1947年	底=10.5
			1949年	底=16.5
馬丁G.L.(Martin, G.L.)	1946年	頂=47.75	1949年	底=7
蒙哥馬利‧沃德(Montgomery Ward)	1946年	頂=104	1949年	底=47.5
純牌石油(Pure Oil)	1948年	頂=42	1949年	底=24.625
費利科無線電(Philco Radio)	1948年	頂=46.5	1949年	底=25.25

新澤西標準石油 (Standard Oil Of New Jersey)	1948年	頂=93	1949年	底=60.5
斯伯瑞(Sperry)	1946年	頂=40.5	1947年	底=17
美國橡膠(U.S. Rubber)	1946年	頂=80.5	1949年	底=33
通用汽車(General Motors)	1946年	頂=80.5	1946年	底=47.5
	1947年	頂=65.75	1948年	底=15.5
	1948年	頂=66	1949年	底=51.875

（股份單位：美元）

（1943年，通用汽車股指跌至最低點48.75點，之後，指數底部逐漸上移，說明市場支撐良好。除了通用汽車股價跌破51.875點並收於這個價位之下以外，市場處於持續上行的走勢之中。1947年和1948年股指達到雙頂，如果通用汽車的股價能夠收於66點以上，就預示著這檔股票還將大幅走高。）

特別推薦股

艾德蒙股份有限公司 (Admiral Corporation)	1945年	頂=22.5	1947年	底=6
	1948年	頂=22.625	1948年	底=7
	1949年	頂=20.25	1949年	底=14.75

（股份單位：美元）

（艾德蒙股份有限公司運營狀況良好，淨利潤豐厚。公司的股票在1949年6月下跌過程中獲得了很好的支撐，進一步上升的可能性極大，一旦牛市出現，這種可能性就會得到成倍提升。）

哥倫比亞影片(Columbia Pictures)	1945年	頂=25.5	1948年	底=7.5

聯合-伏爾提(Consolidated Vultee)	1946年	頂=37	1948年	底=7.75
哥倫比亞天然氣(Columbia Gas)自1942年以來每年都不斷向高位築底並將進一步走高。				
電氣債券(Electric Bond & Share)	1946年	頂=26.5	1947年	底=9

（股份單位：美元）

艾德蒙股份有限公司現在處於強勢位置，這家公司的現金資產要比上市的股票價值高得多，在1949年年底之前每股可能會有12美元～14美元的現金股利。這檔股票目前正在構築逐步上移的底部，並在13.25美元上下站穩，這相當於從1946年的頂部價位下跌了50％，因此這裡形成了一個絕對安全的買入點。如果這檔股票上漲到16美元以上，就會表現得很強勢，這意味著它很可能會繼續上漲到25～26美元的價位。

上面所列出的股票，在下一輪牛市到來的時候很可能會成為市場中的領頭羊。請記住，買股票時一定要設置停損單，如果一檔到手的股票經過相當一段時間依然表現得差強人意，那麼，不管會不會造成小的損失都要果斷地將它賣出。

第十六章

美國能打得起另一場世界大戰嗎

1918年，第一次世界大戰結束，當時，幾乎所有人都認為這會是世界範圍內的最後一次戰爭。可事實是，1939年，希特勒又發動了第二次世界大戰，美國也於1941年被迫捲入其中，並協同蘇聯等其他一些國家共同抗擊德國，以期早日結束戰爭，實現人類永久的和平與繁榮。

可結果呢？第二次世界大戰硝煙還未散，美國就已經開始著手準備另一場世界大戰了。各種媒體都在宣揚美蘇之戰勢在必行，而為了備戰，我們在1949年花費了150億～160億美元。如果說美國之所以參加前兩次大戰目的是為了結束戰爭，那麼，我們該如何解釋美國現在忙碌備戰的行為，難道發動美蘇之間新的戰爭就能終結世界上所有的戰爭嗎？顯然是不可能的。除非人類學會了不使用戰爭手段來解決分歧，否則戰爭解決不了任何問題，更不可能帶來永久的和平。

戰爭中的獲勝方也必將付出代價。因為戰爭是毀滅性的。它使人類積聚的財富化為烏有，以國人的生命為代價，同時還要從生產線上拿走大量的食品和必需品。現在，美國的債務已經超過了2,500億美元，美國怎麼還能打得起另一場世界大戰呢？錢又從何而來呢？有誰願意，或者說誰又能夠掏出這麼多錢來購買債券以支持這場戰爭呢？如果我們捲入了另一場世

界大戰之中，那就等同於美國的覆滅。戰爭的代價實在太大，而縱觀全國上下，我們背負的債務早就超出了能負荷的程度的所有債務。我們需要的是能高瞻遠矚且頭腦清醒的領導人，他應為宣揚和平而努力，而不是為了備戰而浪費國家的財富。

那麼美國參與第二次世界大戰的原因是什麼？答案是，因為當時我們的自由受到了威脅，安全得不到保障，我們用生命和財富贏得了戰爭，保護了我們的自由不被侵犯。不過，我們是不是能就此認為我們的自由不會再受到威脅？我們現在還能享受到與戰前同等程度的自由嗎？不，絕對不可能了。羅斯福總統上任後，其推行的新政正在使自由迅速消失。新政總在誇誇其談社會保障問題，可按照它的說法，美國人從生到死所有的一切就必須都交由政府來安排。

新政說，政府會給人民提供社會保障，提供醫療，提供人民所需的一切，可惜，無論是作為國家還是個人都不需要什麼社會保障。當一個國家缺乏保障的時候，就會敢於冒險，奮發圖強；當個人缺乏保障的時候，就會積極工作，不斷進取，這遠比他直接獲得保障更好。而如果政府為人們提供了所需的一切，那整個民族就將變得懶惰、不求上進、好逸惡勞，最終，國家也必將走向衰亡，更何況，退一步說，新政所許諾的保障政策也不可能完全落實；因為新政開出的都是空頭支票，它承諾自己會無條件地給予，而擁護這些政策的都是那些坐等天上掉餡餅的人。

美國所需要的不是這些，而是更強大的生產力，僅靠推行少工作、多消費的政策根本無法解決美國的債務問題，努力工作和勤儉節約才是唯

我很理性，許多人有更高的智商，許多人能工作更長的時間，但是我能理性地處理事物。你們必須能控制自己，別讓你的感情影響你的思維。

★ 巴菲特

一的出路。我們要捍衛這個國家的獨立自主，永保我們的先輩為之奮鬥的
自由，那麼就必須保證所有美國人都擁有平等的權利。如果士兵在戰場上
不服從作戰命令，就會被軍法處置，因為他們在戰場上沒有罷工的權利。
可當戰爭還在繼續之時，當我們的孩子還在戰場上流血犧牲時，工會卻可
以繼續組織罷工，為什麼？難道工會成員就可以比在戰場上浴血廝殺的戰
士們擁有更多的權利？當然不可以。工會領導人的權利是政客們授予的，
而政客是由選民選舉出來的，可是，這些政客們不僅背叛了選民，還侵犯
了他們的權利。工會為什麼要發動罷工，切斷生活必需品的供給，以致無
數人飢寒交迫，飽受物質匱乏之苦？無外乎是為了滿足工會領導者們少勞
動、多拿錢的私欲，而顯然，這樣做是無法實現國家的繁榮昌盛的。

　　為什麼法國會在二戰中戰敗？這是工會共產主義導致的。法國工人工
作態度散漫，生產效率低下；而德國人不僅工作積極，甚至還要被迫進行
工作和生產，所以最終，德國打敗了法國。是誰賦予了工會這種個體平民
並不享有的權利呢？是法律的制定者，他們是由人民選舉出來的，他們制
定這些法律的目的是為了討好那些能確保他們權力在握的人。但是這公平
嗎？這就是我們追求的自由嗎？

戰爭與和平

　　既然我們的政府正積極備戰，並且宣稱遲早要同蘇聯打上一仗，那
麼戰爭早晚會爆發。因為對於宣導新政的人來說，一旦推行新政出現不良
結果（很可能會這樣），那麼在接下來的1952年的大選中，他們就很可能
會落敗，而如果爆發了戰爭，那他們就找到了不能戰時換將的藉口，哄騙
人民繼續為他們投票，然後得以繼續執掌美國政權。而對於投資者最想知

道的，戰爭會對股價產生什麼影響這一問題，答案是，這完全取決於戰爭爆發時股價所處的位置。依我看來，對於股市來說，下一場戰爭是特大利空，而且政府很可能沒收所有的股票與其他財產來充公。之所以這樣說是因為，依照美國目前債務沉重的國情，想單靠發行債券來支持另一場戰爭幾乎無異於癡人說夢，在這樣一種情況下，政府必會動用一切能採取的手段為戰爭籌措資金。

不只是美國，全世界沒有哪個國家能承受另一場戰爭而不致衰亡，而一旦戰爭爆發，人類文明也可能會因此而倒退幾百年。讓我們祈禱未來戰爭能夠得以避免，讓我們將手中那寶貴的選票投給那些能使我們免於戰爭的人。

如何制止戰爭

不管在哪個國家，戰爭都是可以被制止的，這種權利與力量就握在人民手中。如果我們能說服立法者頒布一項法案，不允許政府為戰爭目的而借債或發行債券，那戰爭自然就可以避免，因為僅靠政府自己的財政收入根本不足以支撐一場戰爭。政府無權拿人民的生命財產去冒險，更無權抵押上人民的未來去舉債。戰爭不會為美國帶來任何好處。美國應該學會精打細算，並以此為由削減政府的公共開支。

正直，勤奮，活力。而且，如果他們不擁有第一品格，其餘兩個將毀滅你。對此你要深思，這一點千真萬確。

★ 巴菲特

政府無法制止的經濟蕭條與大恐慌

在推行「新政」的本屆美國政府於1953年期滿卸任以前，將出現一場經濟蕭條和大恐慌，這是無法避免的。恐慌和蕭條是戰爭的後遺症。第二次世界大戰對美國財富的消耗是史無前例的，美國政府目前的債務幾乎等同於全世界所有國家債務的總和。債務沉重，加之龐大的政府開支，美國哪還有能力來制止一場蕭條和恐慌呢？戰爭已經摧毀了一切，更不可能給任何國家帶來任何好處。如今，美國已經變成了世界上最大的消費國和浪費者，而美國的納稅人也將成為世界上最大的犧牲者。凡事有因必有果。戰爭結束後，主張實行新政的人不僅沒有縮減反而增加了開支，他們浪費了數百億美元，換來的將是一場動搖美國根基的大恐慌與大蕭條，而這必將導致美國人民在1952年的大選中罷免這群主張推行新政的政客們。如果崩盤真的出現，那就一切都於事無補了，但是如果納稅人現在就能組織起來並採取行動，那一切就還來得及，他們有制止這場導致財富流失的災難的力量，不應該坐等後悔歎氣的那一天到來。如果主張實行新政的人再像現在這樣肆意揮霍，那麼用不了多久，政府就該開始打算沒收公民的財產了，然後自由之子們將不得不再次揭竿而起，為他們在以前的戰爭中失去的自由而戰。就像威爾‧羅傑斯（Will Rogers）說過的那樣，美國政府從未輸掉過一場戰爭，但也從未贏得過一場會談。

導致下一次蕭條或恐慌出現的原因

有許多原因會導致下一場經濟大蕭條的出現。縱觀全世界，英國經濟因為捲入了兩場世界大戰而走入了困境，大多數歐洲國家也同樣在劫難

逃。

日本、中國與印度的金融環境普遍糟糕，而且情況還可能會進一步惡化。

美國的債務負擔已經沉重得難以負荷，政府的花銷無度造成的災難已經無法挽救，即使現在立刻痛改前非，也難以阻止它的到來。

外國投資者已經開始在美國市場拋售股票，而且這種現象已經持續了很長時間了。

美國的投資者們總是習慣於在熊市的末尾才開始拋售手中的股票，於是就造成了大面積的虧損。將來，隨著經濟形勢的惡化，保險公司將為了套現不得不拋售股票和債券。可能投資信託公司會努力托市，按照一定比例購進股票，但也支撐不了多久，市場形勢日趨惡化會讓他們變得惶惶不安，並在已經下跌了數年的熊市的最後階段也開始拋售股票。

經濟和股市是靠人們的信心支撐起來的，而當美國的投資者和商人對政府防止經濟蕭條的能力越來越感到失望時，事情就會變得更糟。

這一天很可能會真的來臨，那時政府就無法再支撐債券的價格，這勢必會挫傷人們的信心，進而引發這個國家歷史上最大的恐慌。先有因後有果。既然政府已經種下了另一場恐慌和蕭條的種子，那麼，經濟週期和股市就會向我們證明，這場恐慌必會到來。

股市的未來趨勢

許多經濟學家和市場人士都相信一場經濟衰退和恐慌正離我們越來越近，但他們無法預測出具體時間，因為他們不懂得時間循環規律。鑑於我在過去的30多年中所使用的週期循環規律（Master Time Cycle），準確預

測除了每次重要的經濟繁榮和衰退的出現時間，因此，我有理由認為，這一理論也能準確預言下一次大恐慌的來臨。

「新政」的推行者聲稱他們已經有了制止通貨膨脹和防止經濟衰退的神奇方案，至於是否真的有效，在今後幾年嚴峻的考驗中即將得到驗證。

運用我的週期循環理論可以斷定，截至1948年，戰後的經濟繁榮就已經結束了，而現在的經濟趨勢正在向下。通常，經濟在第一次下滑之後，會出現一次反彈，或者是一波適度回升，很多人會為這種表象所蒙蔽，誤以為經濟的繁榮再次出現了。

我對週期循環規律的研究顯示，經濟蕭條將在1950年的下半年進一步惡化，而到了1951年和1952年，我們將會進入真正的恐慌和衰退時期，就連政府也將一籌莫展，屆時，股票、債券、商品期貨以及其他所有金融產品的價格全線下跌。至於股市的跌幅要由下一次反彈的幅度以及上一次下跌行情開始時市場的價位來決定。接下來我大致估算了一下股市今後可能出現轉勢的日期。

由過去的週期循環規律來看，股市可能在1949年的下半年出現上漲，並持續到1950年。股市的變化週期往往要比經濟形勢的變化週期提前6個月乃至更久。

我工作時不思考其他任何東西。我並不試圖超過七英尺高的欄杆：我到處找的是我能跨過的一英尺高的欄杆。

★ 巴菲特

展望1950年

1950年1月3日～7日應當出現股市的最低位，而後趨勢反轉向上，上升行情會一直活躍到2月。

3月18日～22日可能是這輪反彈行情的頭部，這段時間不會太長，可能是會持續到3月30日～31日，隨後趨勢就會發生轉變。

4月，這輪上升行情仍將持續。年內的最高點可能出現在4月25日～30日這段時間內，尤其是在1949年6月出現最低點的情況下，因為如此一來這輪上升行情就已經持續了10個月，這通常是一波短期行情的時間週期。得出該結論的另一個原因是，從1942年4月的最低點開始，這輪行情已經持續了6年，從1946年的頂部算起，至今年5月分和6月分分別相距48個月和49個月，這表明市場趨勢極有可能發生轉變。

6月14日～21日這個時間段非常重要，因為這距離1948年的最低點正好過去了2年；如果有證據表明1949年6月14日也是一次探底，那麼距今為止恰好相隔1年。要留心6月2日～30日這個時間段，這期間可能會出現重要的轉勢。

7月，股市應當會上漲，哪怕此時正處於市場熊市，也應有一次反彈。

7月7日～10日，以及18日～30日，市場很可能在這些時間內做頭，市場趨勢出現重要反轉。

8月，股市會出現一些下跌，但價格變動不大，成交額小。

8月5日～10日，14日～18日，23日～27日，都是轉勢的日子。

9月，要記住，這是會出現一個重要的周年紀念日出現的月分。要對在9月初以及9月23日～10月3日這些時間內出現的趨勢變化格外留心，因

為在這些時間段內，可能會見1次底，然後出現1次反彈。而如果股市在這些日子裡開始上揚，那麼就會向上反彈至11月2日～4日左右，即選舉日為止。

11月14日～21日，由週期循環規律可知本月市場將有下跌走勢，並可能在月底出現見底反彈。

12月，如果此輪反彈行情從11月開始，那很可能會持續到12月15日和20日，那時你應當留心頭部或轉勢，趨勢很可能在此反轉向下。

對1951～1953年的預測

據預測，1951年和1952年將是經濟深度蕭條的年分，屆時，股市將步入長期的熊市之中。許多股票的價格將跌到你無法想像的程度，亟待美國政府解決的難題越來越多，而政府對此基本束手無策。之所以會出現這種情況，是因為絕大多數民眾已不再相信新政，也不相信新政能防止經濟蕭條的出現，而一旦民眾失去了信心，形勢就會無法控制地迅速惡化下去。

根據週期循環理論的預測，在1952年11月的選舉中很可能是共和黨人獲勝，而1952年的10月分和11月分很可能就是熊市結束的月分。

1953年1月20日，新總統將入主白宮，如果他是共和黨人，那麼經濟將重獲復甦，一輪新的循環就此開始。不過，由週期循環理論可知，經濟在4月或6月以前仍將發展緩慢，股市直到夏季和秋季才會將出現大幅上漲，經濟狀況也隨之好轉。

後記

　　至此，《江恩華爾街45年》一書全部結束。實際上，我涉足華爾街的經歷可以追溯至1902年以前，至今已有47年的時間了，近半個世紀的經歷讓我明白時間才是我最寶貴的財富，而我為這筆財富選擇的最佳處理方式就是用它來獲取知識，知識要比金錢更可貴。

　　在這本書中，我貢獻出了一些自己最為重要的交易規則和新的祕密發現，希望讀者們能夠努力學習這些規則並加以靈活運用。如果你肯這樣做，那麼投機和投資於你而言就將不再是一場賭博，而會成為一種可以獲利的職業。

W.D.江恩

1949年7月18日

富能量 02

W. D. Gann : 45 Years In Wall Street
江恩華爾街45年

作者　　　威廉・江恩
譯者　　　榮千
美術構成　騾賴耙工作室
封面設計　斐類設計工作室
發行人　　羅清維
企劃執行　林義傑、張緯倫
責任行政　陳淑貞

企劃出版　海鷹文化
出版登記　行政院新聞局局版北市業字第780號
發行部　　台北市信義區林口街54-4號1樓
電話　　　02-2727-3008
傳真　　　02-2727-0603
E-mail　　seadove.book@msa.hinet.net

總經銷　　知遠文化事業有限公司
地址　　　新北市深坑區北深路三段155巷25號5樓
電話　　　02-2664-8800
傳真　　　02-2664-8801
網址　　　www.booknews.com.tw

香港總經銷　和平圖書有限公司
地址　　　香港柴灣嘉業街12號百樂門大廈17樓
電話　　　（852）2804-6687
傳真　　　（852）2804-6409

出版日期　2020年04月01日　一版一刷
定價　　　320元
郵政劃撥　18989626　戶名：海鴿文化出版圖書有限公司

國家圖書館出版品預行編目（CIP）資料

江恩華爾街45年：巴菲特點評版 ／ 威廉・江恩作; 榮千譯.
-- 一版. -- 臺北市 ： 海鴿文化，2020.04
面 ； 公分. --（富能量；2）
ISBN 978-986-392-310-7（平裝）

1. 股票　2. 證券投資

563.5　　　　　　　　　　　　　　　109004478

SeaEagle

SeaEagle

SeaEagle

SeaEagle